男孩的养育方法

黄艳萍 著

四川人民出版社

图书在版编目（CIP）数据

男孩的养育方法 / 黄艳萍著 . -- 成都 : 四川人民出版社 , 2018.7

ISBN 978-7-220-10835-8

Ⅰ . ①男… Ⅱ . ①黄… Ⅲ . ①男性 - 家庭教育 Ⅳ . ① G78

中国版本图书馆 CIP 数据核字 (2018) 第 133328 号

NANHAI DE YANGYU FANGFA

男孩的养育方法

黄艳萍　著

出 版 人	黄立新
策划组稿	张明辉　黄　佳
出版融合统筹	张明辉
编辑统筹	罗晓春
摄影摄像	深圳 · 金版文化
责任编辑	周晓琴　张东升
美术设计	黄　佳
责任校对	袁晓红
责任印刷	许　茜
出版发行	四川人民出版社（成都槐树街2号）
网　　址	http：//www.scpph.com
E-mail	scrmcbs@sina.com
新浪微博	@四川人民出版社
微信公众号	四川人民出版社
发行部业务电话	（028）86259624　86259453
防盗版举报电话	（028）86259624
印　　刷	深圳市雅佳图印刷有限公司
成品尺寸	150mm × 210mm
印　　张	12
字　　数	150千
版　　次	2018年9月第1版
印　　次	2018年9月第1次印刷
书　　号	ISBN 978 -7-220-10835-8
定　　价	39.80元

目录

PART 5 自立是男孩独闯世界的法宝

PART 6 从小打造男孩的交际能力

PART 7 让男孩主动爱上学习

PART 8 引导男孩树立正确的金钱观

前言

有这样一句名言，“在所有动物中，男孩是最难控制和对付的”。的确如此，男孩似乎天生就有一些“坏毛病”——冲动、倔强、粗心、顽皮、拖拉、懒惰等，让父母颇为头疼。但男孩也很容易让人联想到一些闪光点：勇敢、坚强、仗义、有领导力……

父母都希望自己的男孩可以健康快乐地成长为一名有能力、高情商、性格好的成功男人。其实每个男孩都有成长为优秀男子汉的潜质，父母要做的就是在充分了解男孩身心特点的基础上，用合理的教育方式激发男孩的潜质，引领他成长。

《男孩的养育方法》从介绍男孩的生理和心理特点开始，分析了父母养育男孩首先应把握的10大关键点，并结合生动的事例，从培养男孩的爱心、自控力、受挫力、自立能力、社交能力、学习能力、理财能力7个方面给父母提出了相应的建议，希望能为家有男孩的父母提供一些养育男孩的帮助，让培养成功男孩的过程变得更轻松。

亲爱的爸爸妈妈们：初为人父人母，你们一定对孩子的教育有很多困惑和问题。本书针对男孩的特点和个性做出解答，帮助父母成为合格的家庭教育者，培养出优秀、有个性的孩子。

微信扫描下方二维码，还可以获得更多主编精心准备的线上养育方法。

1. 科学育儿，父母必上的64堂课！微信扫码即可获取。

2. 温和而坚定，让孩子受益一生的教养方式！微信扫码即可获取。

3. 微信扫码加入阳光男孩养成圈，分享育儿心得，学习育儿经验！

4. 育儿难题求解答？专家为你支妙招！微信扫码即可获取。

5. 线上记录孩子成长瞬间，时刻分享孩子进步喜悦！微信扫码加入我们吧！

6. 微信扫码，可获取知名营养师打造的育儿营养膳食食谱！
快来为您的孩子准备营养美餐吧！

父母应知的养育成功男孩的智慧

男孩具有与女孩不同的生理和心理特点，父母要在了解这种差异的基础上因材施教，把握养育男孩的关键点，有针对性地进行家庭教育，塑造他的优秀品质，使他沿着正确的方向茁壮成长。

了解男孩的生理秘密

男孩有其独特的生理特点，父母要有所了解才不会对男孩的精力旺盛、喜欢探索等特点感到不解，才能更好地养育男孩。

破译男孩独有的Y染色体

众所周知，人体的每个细胞内都包含23对染色体，其中22对为常染色体，1对为性染色体。男孩与女孩的常染色体是一样的，但性染色体却不同，这也就是性别不同的根本所在。

性染色体分为X染色体和Y染色体，男孩的染色体由X和Y组成，女孩则由X和X组成，也就是说Y染色体是男孩所特有的。那父母了解男孩染色体的情况对教育有什么帮助呢？

家长要多鼓励男孩

有统计数据显示，Y染色体上含有“生长基因”，所以大多数情况下，男孩注定比女孩高大。当父母想要男孩自己做一些力所能及的事情时，可以说：“你是男孩，个头都要赶上妈妈了，可以帮我擦一下冰箱上面的灰尘吗？”男孩会乐于参与其中。

增强男孩的免疫力

X染色体能够保证身体免疫系统正常发挥作用的，但由于性染色体的差异让男孩比女孩少一条X染色体，所以男孩的免疫力会稍弱一些。因此父母要有意识地增强男孩的免疫力，弥补缺少X染色体所带来的不足。

男孩也有脆弱的一面

相关研究证明，Y染色体在长达亿年的进化中一直处于变小的状态，所含基因也在逐渐减少。从这个角度看，男孩看似勇敢坚强，实际上也有脆弱的一面，父母不仅要照顾好他的日常起居，也要重视他的精神需求。

强化男孩对性别的认识

男孩在一岁半左右就能通过观察外观、长相、发型等特点分辨他人的性别了。父母一定要强化孩子的性别意识，不要把男孩当女孩养。

PART 1 父母应知的养育成功男孩的智慧

令人惊叹的睾丸激素

女孩往往表现出乖巧、文静的形象，而男孩则表现出好多且具有“攻击性”。此外，男孩的运动能力、爆发力、动作速度和猛烈程度都超出很多，其实这些优势与其体内的睾丸激素有关。

在男孩还是胎宝宝的时候，他的男性特征就已经确立，例如睾丸、阴茎的发育，这是因为此时期男孩体内的睾丸素就开始形成了；令人感到神奇的是，刚出生的男婴其体内的睾丸素几乎与一个12岁男孩体内的睾丸素含量相当；几个月后，男孩体内的睾丸素含量会迅速下，大概是出生时的1/15；4岁以前，男孩体内的睾丸素含量都会处于一个较低的状态；到了4周岁左右，男孩体内睾丸素的含量可以达到之前的2倍；到了小学五六年级，男孩体内的睾丸素含量开始急剧上升，甚至是4岁以前男孩的8倍，这也是为什么男孩会在阶段身高猛增，男性特征越发明显的原因。

男孩与女孩大脑的差别

男孩女孩的差别不只体现在染色体上，他们的大脑结构也有差别。首先男孩的大脑发育速度要比女孩慢，其次男孩大脑的左右半球之间的联系少于女孩。有些细心的父母会发现，男孩常常对猜字谜、组词等感到厌烦，但女孩却很感兴趣，这是因为男孩在进行这些活动时，一般只用一侧脑半球思考，女孩则可以同时用左右两侧脑半球思考。

右脑主管形象思维，包括：绘画、视觉、几何、综合、图像、直观感觉等。

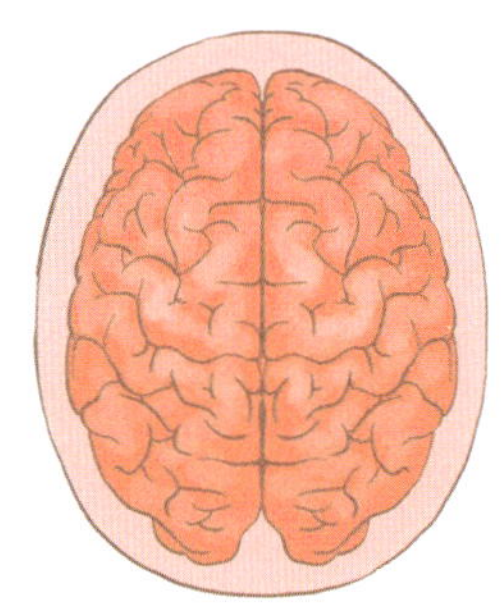

左脑主管语言逻辑，包括：算术、伦理、分析、理论、解析等。

人类的大脑由左右两个半球组成

此外，经过科学研究发现，男孩的大脑右边皮质较厚，女孩的大脑左边皮质较厚。所以，大部分男孩在数学方面要比女孩好，而女孩在语言方面要比男孩好，男孩总是马虎不认真，女孩学理工科就困难一些。父母明白了这些，在教育男孩的时候就要注意了，男孩做事马马虎虎，不愿认真思考，可能并不是他的本意，而是天生如此。父母不要打骂他，而是要有意识地纠正并引导孩子。

男孩成长的三个阶段

男孩子在不同的年龄段会有不同的表现，父母要清楚地了解他的心理特征和生理特征，才能找到良好的养育方法。

从出生到 6 岁：需要爱的包围

强强妈妈经常跟同小区的其他宝妈抱怨，觉得自家儿子太调皮，还没等话说完，幼儿园的老师就打来电话，说强强又调皮了，因为一件玩具跟小明发生了争执，还咬了对方，要她去幼儿园一趟。

诸如此类的事情让很多妈妈感到苦恼，但这也是孩子成长的一部分，父母只能尽可能多地了解孩子，掌握他们的特点，才能予以正确的引导。

在此阶段小男孩的眼中，他们通常认为自己是属于妈妈的，特别喜欢跟妈妈黏在一起，需要得到妈妈的爱与陪伴，才能成长为一个坚强且有安全感的小男子汉。所以教养0～6的小男孩，尤其需要妈妈付出时间和精力。

男孩还没有成熟的理解力

很多妈妈会经常犯的错误是想要通过讲道理的方式来教育男孩，其实很多事例已经证明，讲道理是在做“无用功”。因为现阶段的男孩太小，并没有成熟的理性思维和逻辑思维能力，妈妈讲再多的道理，他也不能理解，甚至只会觉得烦躁。

妈妈要付出更多的爱与耐心

相比较同一阶段的女孩，此时的男孩不管是在生理上还是在情绪上都更脆弱，他渴望得到妈妈更多的爱和关注，如果妈妈没能满足或疏于引导，男孩很可能会通过一些不良行为来吸引妈妈的眼球，甚至母爱的缺少会对男孩的以后产生不良影响。所以，妈妈不要认为男孩生来就坚强，自己要付出更多的爱和耐心。

太多的选择会让男孩没有主见

很多妈妈会在无形之中给男孩提供很多选择，看似是尊重孩子的自主选择，其实这种做法并不正确。儿童专家指出，6岁以下的小男孩需要的是引导，而不是自行选择。所以，在日常生活中妈妈要为这个阶段的男孩安排好每天的生活，而不要总是让他处于二选一的情境。

正确看待男孩迷恋自己的身体

孩子总会对各种事物产生好奇，这其中也包括自己的身体，所以父母会时常看见男孩玩弄自己的生殖器。其实，男孩只是会因为这种行为让自己感觉舒服而迷恋上自己的身体，并不是父母所认为的“可耻”行为，父母要正确看待，并注意引导。

0～6的小男孩正是需要妈妈关爱和保护的时期，同时也各方面形成与发展的时期，虽然有时会出于好奇或者童真做出一些过分的事情，但家长要学会用爱去化解，而不能责备或者打骂。

6 ~ 13 岁：试着成为男人

6~13岁是男孩成长的第二阶段，也是自身成长的转变期。这时候的男孩不仅会在心理层面发生变化，逐渐具备理解他人情感的能力，而且自尊心也会开始增强，觉得自己是“男人”了，想要通过各种行为来证明自己是男子汉。不仅如此，还会表现以下几种特征：

父母要知道，此阶段的男孩对“规则”非常看重。如果能事先将规则的内容和违反规则的后果告诉男孩，他会有足够的安全感。父母可以利用此特征，来教育男孩，鼓励其朝着良好的方向去努力。

此阶段的男孩常常因为过于直率而给人“出口伤人”的感觉，同时也会显现出不会考虑他人感受的缺点。作为家长，首先要反思自己是否用同样的方式与孩子沟通，同时还要适时引导，让其改正此缺点。

细心的家长会发现此阶段的男孩逐渐产生了攀比意识，想要名牌鞋或者高级玩具等。父母要有意识地帮助孩子树立正确的金钱观，否则孩子会形成花钱大手大脚、不知感恩的毛病。

男孩之前玩弄生殖器的行为会在此阶段消失，这是因为男孩进入了性潜伏期。同时，和朋友玩耍、探索世界等活动，早已经把“性”疏导出去了。

如果说6岁以前的男孩是妈妈的小宝贝，那此阶段的男孩更像是“捣蛋大王”，稍不注意就会“闯祸”，家长需要花费更多的时间去做好男孩的“教养功课”。

不要极端教育而是要多监督

对于此阶段男孩的教养，父母千万不能采取“极端手段”例如无休止的唠叨或者一顿棍棒，这两种方法并不能起到很好的教育作用，反而容易让孩子产生叛逆心理。家长要用智慧来监督和指导孩子，家长不妨试着这样跟他说：“要做小英雄，就要多看书，只凭自己的想法不仔细思考，就像是‘狗熊’了……”幽默有趣的同时还能指导孩子。

多给予男孩鼓励和认同

此阶段的男孩看似调皮捣蛋，其实他的内心是很细腻的，家长要善于捕捉孩子的内心，发现其真实感情，同时还要给予认同和鼓励，尤其是对于那些羞于表达自己内心的男孩，如果不被认同，男孩会变得自责，甚至形成自卑的性格。

帮助男孩体验成功

细心的家长会发现，此阶段的男孩对任何事情都抱有极大的热情，什么事情都想做好，但如果有一次失败，他就会否定自己。所以家长要有意识地让男孩去体验成功，即使男孩有时的表现不尽如人意，家长也要多鼓励，这样才能让孩子对自己有信心，从而变得自信。

14 岁至成年：从幼稚向成熟转变

14岁至成年这段时间，对男孩来说尤为重要。在这期间，男孩不仅要完成身体上的发育、变化，而且在心理层面上也会有很大的改变，最终实现由男孩到男人、由幼稚到成熟的转变。

在很多父母看来，这个年龄段的男孩要么太过叛逆，时常惹自己生气，但这都是男孩的必经阶段，父母要花时间耐心地引导他，帮助他解开成长道路上的疑惑，开始新的征程，这并不是一件简单的事情，父母不妨参考以下方法，把男孩培养成一个有智慧、有能力的男子汉。

引导胜过打骂

此阶段的男孩看似很有自己的个性，喜欢追求所谓的“潮流”，其实这只是他们“随波逐流”不清楚自己真正喜欢什么的表现，而且这种迷惑会延伸至他们的内心，所以才会常常出现混乱的情绪，例如确立目标时情绪高涨，但实际行动时却情绪低沉。如果父母在此时打骂他，只会让其内心更加敏感，相反，正确的引导和鼓励，会帮助孩子理清思路。

不要限制孩子交友

很多父母都会担心青春期的孩子因为乱交友而做出出格的事情，甚至有些父母会将自己的担心转为“明令禁止”。其实此阶段的孩子会因和父母之间的隔阂而产生孤独感，而与同龄人的交往能让自己获得友情的力量，家长不要盲目限制，要相信孩子的判断力，如果发现孩子的判断力有所偏差，适时引导即可。

从他人口中了解孩子

此阶段的大部分男孩会因为学业的关系，需要寄宿在学校，待在父母身边的时间会不可避免地减少，如果再加上男孩不愿意敞开心扉，父母对孩子的了解就会少之又少。很多父母会为此感到不安，其实，如果父母想了解孩子的想法，不妨试试“曲线战术”，即向孩子的老师、朋友等人了解情况，也许会知道孩子内心真正的想法。

让孩子感受爸爸的影响

爸爸在男孩的成长中有着举足轻重的影响，对与青春期男孩来说更是如此。爸爸不妨营造一种“男人与男人之间的对话”的感觉，与自己的儿子多聊聊自己青春期的经历，让他知道，其实爸爸也是从那个时候过来的，很能理解现在的他。这样既能增加彼此之间的感情，还有助于打消孩子的消极行为。如果爸爸在孩子心中是有影响力的男人，孩子就会以爸爸为榜样，并从爸爸那里获得安全感。

总而言之，此阶段的男孩正在经历着身体和心理的双重变化，有些“成长之痛”是正常的，父母要以平和的心态接受孩子的变化，同时还要做孩子强有力的后盾，给予他引导和帮助，从而让他成长为一位成熟、自信且内心强大的男性。

原来你是这样的男孩

不管是男孩还是女孩，纯真的他们就像是一张白纸，要想在充满无限可能的未来里，描绘出绚烂的色彩，离不开父母的帮助，所以，爸爸妈妈要真正了解孩子。

男孩是天生的冒险家

对于越难做到的事情，越要去尝试，即便有时会付出些代价，这就是男孩冒险心理的表现。男孩之所以有这种表现，是因为睾丸激素在发挥作用，这种激素会让男孩选择冒险的行为来释放体内的能量。面对男孩的这种天性，父母该如何做呢？

家长大胆放手

作为父母要知道爱动、爱冒险是男孩的天性，广阔的空间和自由的行动，能帮助孩子消耗体内的睾丸激素，并促使大脑的健康发展。所以当孩子出现一些富有冒险意义的行为时，父母不应该阻止甚至责骂，而是要在不干涉他的前提下尽量保护其安全，要相信孩子的能力。

鼓励孩子勇于尝试

即便知道很多事情是自己不能完成的，但也不太喜欢接受别人的帮助，所以当家长提出要帮助时，男孩会拒绝并坚持自己尝试。面对此种情况，父母不要急于制止或直接告诉其方法，而要给孩子足够的时间去调整和尝试，当孩子确定自己不能完成时，就会知难而退。

每个男孩都有一个英雄梦

如果妈妈细心观察就会发现，男孩从小就有一个英雄梦，要么希望自己能像“奥特曼”一样身怀绝技，帮助弱小；要么希望长大以后成为警察，把坏人都抓起来等。想当英雄并没有错，重要的是父母要帮助孩子建立正确的“英雄观”。

孩子打架可能是在伸张正义

“为什么又打架！为什么总是惹事……”这可能是很多父母遇到孩子打架时的第一反应。其实父母的这种做法有失科学，因为有时孩子打架，是在伸张自己的正义感，是见义勇为的结果。所以父母不要盲目批评，不妨听听孩子打架的缘由，再进行教育。

平凡之中的英雄故事

父母要让孩子明白，现实生活中的英雄不一定要像奥特曼、超人那样去拯救世界、维护和平，真正的英雄不能只靠蛮力，更重要的是智慧，平凡之中的英雄更伟大，从而为孩子树立正确的英雄形象，引导他做事不能横冲直撞，要有策略。

发挥“英雄”的榜样力量

很多孩子都会将心目中的英雄作为榜样，明智的父母可以抓住孩子的这一心理，教育孩子改掉坏习惯，例如挑食、没礼貌、不爱写作业等，善用英雄情结去约束孩子的不良行为，有事半功倍的效果。

对外部世界有旺盛的好奇心

大部分男孩都喜欢探索，旺盛的好奇心让他们对外面的世界充满了渴望，孩子不只满足于用眼睛看、耳朵听，更多的时候喜欢动手探索，这就免不了会破坏一些东西。

心理学研究表明，男孩的“破坏性”行为与他的生理和心理发育联系密切。由于身心还未发育成熟，不具备责任感和义务感，再加上孩子的自控能力比较差，在好奇心的驱使下，他就会开始探索之旅，也可以说成“破坏之旅”。孩子的这些做法会令父母感到苦恼，但如果能正确引导孩子的好奇心，就可以提升他的动手能力、观察能力、思考能力和创新能力，让孩子的身心得到更好的发展。

- 对待男孩的“破坏”行为，父母要学会因势利导，采取积极的态度和方法，让“破坏王”变成“工程师”。
- 父母可以和孩子一起参与探索活动，帮助孩子改掉只拆不装的习惯，让他学会变废为宝，体验组装和发明的乐趣。
- 父母可以请一些机械方面的朋友做孩子的指导老师，或者自己多学习一些相关知识，对孩子进行指导，既满足了他的好奇心，也达到了学习的目的。
- 对于家中的贵重物品，父母应提前告诉孩子不能私自拆卸。一些电器类物品或危险性物品也要向孩子讲明其危险性，严格禁止孩子进行拆装。

男孩总想当“大王”

竞争是男孩的天性之一，性别所赋予的这种能量在孩子很小的时候就会表现出来，孩子的“大王”意识，或者想当“头儿”的想法能从他和小伙伴一起玩耍的时候表现出来，这种竞争心理促使他总想争第一。

孩子喜欢当“大王”“头儿”的竞争心理本身没有错，重点是父母能否合理地引导和利用这一心理，促使孩子不断进步，激励他积极向上。孩子年纪较小，还不具备准确的判断力和成熟的人生观，很容易为了做“大王”而产生过激和偏执心理，把正当竞争变成恶意攻击，甚至采取一些不恰当的手段，引发暴力事件。如果孩子因为没能得到第一，而在心理上发生扭曲，就容易与同学产生敌对关系。所以，在看待同学竞争上，父母不容忽视，要善于引导孩子。

父母可以利用孩子的这种心理，在生活中适当满足他当“大王”的愿望，例如和孩子互换角色，让他做“男主人”；让孩子做“督导员”，纠正全家人的坏习惯等，不仅能增强他的责任心，提高他的领导力，还能纠正孩子的坏习惯。

POINT

除了以上方法，父母还可以在平时与孩子的对话中满足他当“大王”的欲望，虽然有时意见未必合理，但被尊重和重视的感觉，会让孩子满怀对生活的热情。

停不下来的好动 boy

在父母的眼中，孩子好像总有用不完的精力，尤其是男孩，好像只要他不睡觉，就会一直动，跑呀，跳呀，根本停不下来。其实，这是睾丸激素造成的，在此激素的作用下，会让孩子精力充沛，父母要运用正确的教育方法，引导孩子把旺盛的精力释放出来。

因为好奇所以好动

很多时候，孩子的淘气、好动是因为他感到好奇，只要父母满足了他的好奇心，孩子就会对某种事物失去兴趣，慢慢地孩子的淘气行为也会减少。如果父母一味地约束，反而更易激发他的好奇心，淘气行为会变本加厉。

让孩子学会承担

孩子在释放自己旺盛精力的过程中，不免会犯一些错误，例如把东西弄坏了、误伤了别的小朋友等。当孩子闯祸后，父母要冷静地对待孩子，正确看待其淘气行为，不要帮其包揽责任，而是要他自己去解决，让孩子学会为自己的行为负责。

不要扼制孩子的行为

有很多时候孩子认定的事，即便在父母的约束下没有做成，但在其心里也是不会轻易放弃的，甚至会偷偷去做。与其如此，父母不如在保证安全可控的范围内放手让孩子去做，或者跟孩子一起去做，让他把旺盛的精力通过正确的方式宣泄出来。

这令人头疼的倔强脾气

有不少家庭对男孩的养育方法奉行“不打不成器”的原则，认为男孩必须要经过挨打才能成材。其实早有研究发现，长期的打骂会让孩子表现出无所谓的态度，对脾气倔强的男孩采取严厉的教育方式，只会加重问题的严重性。那正确的教养方法是什么呢？

父母要平息怒火

面对犯错的孩子，有些父母常常会控制不住自己的情绪而对孩子动手打骂，事后又很后悔。为了避免此类事情的发生，父母可以转移自己的注意力，先冷处理，待自己的情绪稳定后再解决问题。这种冷处理可以让孩子真正认识到自己的错误，而不是因为父母的惩罚或者责备才觉得自己做错了。

选择合适的沟通方式

父母要了解孩子的个性，并根据孩子独有的性格特点选择合适的沟通方式。如果孩子调皮、好问，父母就同他一起探索；如果孩子内向、腼腆，父母则要有耐心。只有真正了解孩子，才能站在他的立场考虑问题，从而理解孩子的内心和行为。

让孩子为倔脾气“买单”

如果孩子脾气倔强，总听不进大人的话，父母不妨在保证安全和没有严重后果的前提下，让孩子自尝一下“恶果”的滋味，“撞”一下南墙，让他深刻体会到父母的教育是正确的。

养育男孩的 10 个关键点

男孩究竟该如何养育，难道就是生活上照顾得无微不至，学业上步步紧逼吗？其实不然。父母不妨参考下面养育男孩的 10 个关键点，让孩子健康快乐地长大。

再富也要“穷”养男孩

随着生活水平的不断提高，大多数孩子都是在优越的物质环境中成长的，本应该更懂事才对。但过多的宠爱和经济上的放纵，让这个时代的男孩缺少了奋发图强的精神。其实，要想让男孩成材，父母要懂得“穷”养。

我们这里说的“穷”养，并不是让孩子吃糠咽菜或者承受某种折磨，而是让孩子在童年的时候，多一些锻炼，少一些娇惯。概括地说，父母可以从以下几个方面来理解男孩“穷”养的含义。

明智的父母不会替孩子承担所有，而是选择站在孩子的身后，引导他自己去面对风险、承担责任、克服困难。所以父母要敢于放手，让孩子自己去面对挫折并战胜它。

太多的物质享受，有可能会磨掉孩子的意志，而“穷”会让他懂得要想生活好，就必须努力学习，所以建议父母从小就让孩子养成艰苦朴素的优良作风，即便是家庭条件优越，也不能让孩子花钱没有节制。

通过“少吃”大鱼大肉及零食的方式，不仅能避免接触疾病的来源，让孩子拥有良好的体魄，同时还能让孩子知道珍惜粮食，一举两得，所以家长不要总把“多吃点”当做口头禅。

丰富的物质享受容易让孩子沉溺其中，有可能养成爱慕虚荣、铺张浪费等坏习惯，当孩子的欲望得不到满足时，甚至会做出一些出格的事情。为了避免此类事情的发生，父母不妨适时让他吃点“苦头”。

树立正确消费观

父母在孩子花钱的问题上，要坚持原则，根据家庭的财务情况，帮助孩子建立良好的消费观。但这并不是苛刻，有需要的物品，该买还是要买，父母要有意识地引导孩子做好开支计划，让他懂得生活的不易。

方法 2

拒绝溺爱

老一辈人的溺爱会让孩子因为享受到特殊待遇而养成坐享其成的坏习惯。在家庭教育中，父母和长辈千万不要盲目地以孩子为中心，要让孩子懂得感恩，并为自己的不劳而获、坐享其成感到羞耻。

体会“挣钱”的辛苦

生活水平提高了，每个孩子手里都有零花钱，而且花钱也越来越大手大脚，全然不理会父母的艰辛。为此，父母可以在恰当的时机，让孩子尝试自己去挣零花钱，从而体会挣钱的辛苦。

除了以上这些方法，父母还可以通过尝试在孩子面前，故意显露“贫穷”，提供机会让孩子接触“贫穷”，让孩子体验“贫穷”等方法，让孩子改掉坏毛病，成为一个懂得感恩、拥有良好品格的人。

“男孩不打不成材”是个歪理

很多父母望子成龙心切，常常会在有意无意中采取打骂孩子的教育方式，甚至有些思想观念陈旧的父母认为“男孩不打不成材”，要想孩子有出息，就得这样。其实，这种“棍棒”式教育并不可取，父母应该了解一些科学且有效的育儿理念，才能真正让孩子成材。

不要暴力教育

在父母眼中，男孩的很多坏毛病，例如贪玩、好动、争强好胜，其实都是孩子天性的表现，一味地打骂孩子是大错特错的，这样很容易伤害孩子的自尊心，使他产生极端的性格，要么极度懦弱，要么异常暴力，甚至会对父母产生敌对情绪。

具体事情具体分析

如果父母总是用同一种说教的口吻，不懂得改变自己的教育方法，孩子会感到厌烦而达不到真正的教育目的。父母不妨具体事情具体分析，采用孩子易于接受的方式。

需要提醒父母注意的是，千万不能一味地打骂男孩。经临床研究与实践证明，孩子的人格、情绪特点、心理状态和行为方式等都与父母的教养方式有关，如果经常打骂孩子，有可能造成他的恐惧和叛逆心理，甚至会扭曲性格。所以，即使孩子犯错，也需要得到父母的理解，温和的态度能让孩子心悦诚服地接受爸爸妈妈的教育，从而改正自己的错误。

重视男孩的性别教育

很多父母认为，孩子的性别行为特征是天生的，不用刻意去教，男孩长大之后自然会有一种男子汉气概。其实并非如此，如果没有正确的性别教育，男孩也有可能变成“娘娘腔”。因此，父母一定要对孩子的性别教育给予足够重视。

从小建立性别意识

男孩对性别的意识是从3岁开始建立的，到青春期后基本定型，所以父母对孩子的性别教育要从3岁开始。3～6岁是性别教育的黄金时期，6～12岁是性别意识确立的潜伏期，一旦男孩在青春期形成自己的性别意识，就很难再改变。父母要重视性别教育，从小给予孩子正确的引导。

明确性别区分

父母可以在取名、着装、生活用品的选择上进行规范，让孩子形成正确的性取向，等孩子稍微长大一些，可以听懂语言的时候，父母就要将性别教育贯穿在日常生活中，如在洗澡、修剪发型、选择玩具等方面有明确的性别区分，让孩子的性别认知在很自然的情况下完成。

为孩子树立性别榜样

很多家庭在照顾和教育孩子方面，大部分都是由女性角色——妈妈来承担的，这就更需要性别榜样来帮助男孩形成正确的性别认识。因此，男性角色——爸爸要多抽出时间和精力来陪伴孩子，用自己的阳刚之气在生活中、教育中影响孩子，培养孩子的“小男子汉气概”。此外，父母也可以多提供机会，让男孩接触更多的男性，这对男孩形成正确的性别意识很有帮助。

认同自己的性别

如果父母因为男孩的性别与自己的希望相反，就对男孩进行相反性别抚养和相反角色教育，男孩就会投父母所好，而改变自己对于性别的认同，可能会出现模仿异性的行为，例如想穿裙子、想要长头发等。为了避免孩子出现性别认同混乱现象，父母要纠正自己的错误教育，让孩子爱上自己的性别。

避免男孩女性化

有些男孩上了小学甚至中学，会表现出程度不等的“娘娘腔”。为了避免这种情况，父母要注意不能把男孩当女孩养，例如扎小辫、戴花帽、穿裙子等。如果孩子出现女性化倾向，要及时引导、纠正，以免问题愈加严重。此外，父母还要注意孩子的品格培养，男孩应该更加坚强、自立、勇敢。

营造温馨的家庭环境

家是温馨的港湾，是孩子成长的摇篮，要想培养健康优秀的男孩，父母就要给男孩营造温馨的家庭环境，让男孩在充满爱的家庭里快乐成长。

给孩子一个美满的家

有研究显示，单亲家庭对孩子的身心健康有明显的消极影响。所以，要想营造温馨的家庭环境，父母首先要给男孩一个完整的家，让他感受到足够的归属感和安全感。

不在孩子面前吵架

父母应做到尽量不在孩子面前争吵，更不要当着孩子的面打架。父母的每次争吵对于男孩来说都是一种负面刺激，这会对他的性格产生影响，在争吵中长大的男孩很容易自卑或者有暴力倾向。

家人之间相互关爱

家庭成员之间的相处模式会自然地被孩子所沿袭，并运用到以后的人际交往中去。家庭成员之间相亲相爱，男孩更容易形成宽容温和的性格，在与他人相处时，也会积极主动，可以结交到更多的朋友。

用平等的视角看待孩子

父母不要一味地要求男孩，这样会让他感到压抑，同时还有可能激起男孩的逆反心理。要想让男孩快乐成长，父母要和男孩成为朋友，而且还要尊重和重视他的意见和想法，让他感受到父母的爱。

教育时父母要统一“战线”

对孩子的教育方法不一致，存在于很多家庭中，如果爹说爹有理，娘说娘有理，甚至当着孩子的面争吵，久而久之会让孩子不知所措。父母要树立“合力”教育的意识，当孩子遇到问题时，夫妻双方要统一“战线”，找到科学的方法教育孩子。

以商讨的语气解决教育矛盾

即使是再亲密的夫妻，也会因为观点、角度的不同，在很多问题上出现分歧，特别是有了孩子以后，对于孩子的教育问题夫妻常常各持己见。正确的做法是从孩子的角度出发，学会换位思考，并带着商讨的态度，夫妻双方求同存异，共同解决问题。

相互倾听，统一教育理念

因为教育孩子，夫妻双方产生分歧在所难免，有矛盾也是正常的，这就要求夫妻双方静心听取对方的想法，沟通出统一的结论，以便更好地教育孩子。只是需要注意的是，在解决矛盾时夫妻一定要背着孩子，千万不要将它暴露在孩子面前，因为父母要给孩子做好榜样，在他心中树立威信。

注意言辞，双方默契育儿

有很多父母会抱怨对方不能很好地配合自己来一起教育孩子。其实当对方不配合自己时，你首先要调整自己的语气，少用命令式的语气，如果你不太赞同对方的看法，也要认可对方的努力，这样才能教育好孩子。

对男孩寄予合理的期望

在对男孩的教育中，有的父母望子成龙心切，只从主观愿望出发，把孩子看成实现自己心愿的工具，要求孩子这样那样，殊不知父母过高的期望会让孩子背负上沉重的负担，甚至会让有的孩子难以承受而选择离家出走。那父母怎样做才算期望合理呢？

教育孩子应从孩子的实际出发，兼顾他的爱好与特长，注意“减负”，让孩子放松身心，缓和情绪。

对待孩子的升学问题父母要有一颗平常心，学会尊重孩子的人格，并相信他的选择。孩子能够幸福健康地长大，就是父母最大的心愿。

孩子的成长是动态变化的，不要将其过早地限制在某一领域，希望孩子成名成星，这样会让孩子失去发展其他才能的可能性。

有些父母会因为孩子的表现让他失望了就表现出嫌弃的态度，这是非常不正确的。父母应该耐心、细心地给予孩子帮助，鼓励他发挥自己的长处。

男孩的故事

小磊的爸爸妈妈都很优秀，但小磊的表现却始终达不到爸爸妈妈的要求，尽管参加各种培训班，但成绩总是不尽人意，而且性格也有点内向。

周末本该是小磊去补习班的日子，但补习老师打电话来说小磊并没有去上课，这下可急坏了小磊的父母，四处寻找也不见小磊的踪迹。回到家中，爸爸发现了一封信，信中写道：我走了，我实在不配做你们的儿子，我是如此的平庸……其实我也想好好读书，但巨大的压力让我喘不过气来。上周的测试成绩出来了，依旧不理想，我知道你们又要骂我了，所以我走了，别来找我。

POINT

案例中小磊的父母一味强调学习，剥夺了孩子玩耍的权利，让他感到生活枯燥，所以选择出走来逃避。父母要对男孩寄予合理期望，可以试着与孩子谈谈心，拉近彼此的距离，同时了解孩子的思想动态和兴趣所在，尊重他的想法，为他营造轻松愉快的成长环境。

经常与男孩进行沟通

家庭是孩子的第一所学校，父母是孩子的第一任老师，要想让孩子在家庭这所学校里有所收获，就离不开父母的教育。而沟通作为父母教育孩子的重要手段，却常常被忽略，由此引发的问题也较多，父母如何与孩子进行沟通呢？

唠叨不是沟通的正确方法

很多男孩在遇到压力时，习惯摒除掉造成压力的信息，所以爱唠叨的父母要用正面的方式提出要求，然后留出时间让孩子去改正，这是对孩子信任的表现，同时还能激发他的决心和毅力，让其自觉改正错误，养成良好的习惯。

父母要放下自己的架子

在日常生活中，父母与孩子进行沟通时要放下大人架子，和孩子真诚、平等地沟通，这样才能真正走进孩子的内心。沟通时的具体做法可以参考下文。

- 给予孩子尊重。孩子在尊严和人格上与父母是平等的，理应受到尊重，父母不该独断、霸道，而是要把孩子当成一个独立的个体来看待。
- 与孩子平等交流。父母在与孩子交流的时候要保持平等的姿态，从心理上和孩子保持平等，只有这样才能让孩子敞开心扉，也便于父母从中发现问题并给予指导。

善于做孩子的听众

父母倾听孩子内心的真实想法，会让孩子觉得自己备受关注，从而更加愿意表达自己，只是有些父母不知道如何倾听。其实，作为孩子的听众，父母首先要做的就是认真去听，不要一副心不在焉的样子；其次，千万不要打断孩子，即便他说得不对，也应等孩子讲完以后再纠正；最后，当孩子说出自己的想法后，父母要作出评价。

不妨来点幽默

风趣幽默的沟通不仅能消除孩子的紧张情绪，还能调节亲子之间紧张、沉闷的关系。父母要抓住孩子的兴奋点，去创造幽默的效果；保有一颗童心，去发现生活中幽默的对象，并与孩子分享；把幽默当成一种习惯，一种亲子间沟通的润滑剂。

语言之外的沟通方法

语言沟通不是唯一的方法，父母还可以尝试非语言沟通。可以利用眼神表达自己对于孩子的鼓励、关心或者提醒；一个灿烂的微笑，就能传达出自己对孩子的肯定与表扬；拍拍孩子的肩膀，像是朋友之间的问候和信任；用温暖的拥抱来宽容孩子的错误，让他感受到来自父母的爱与力量。

赞美的话这样表达更有效

称赞就像是养料，它会让孩子得到莫大的鼓励，让他信心十足地努力。因此在教育中，父母应多些赞扬，少些批评。但有的妈妈会说：“我也经常夸奖孩子，但并没多大效果……”这是因为父母没有掌握表扬孩子的正确方法。

用具体的言语表扬孩子

父母用具体的言语描述你欣赏孩子的哪一点，这种表扬方法称为描述性表扬。例如“今早上是你自己穿的衣服”或者“妈妈很喜欢你用卡纸做的向日葵”。此类话语会让孩子觉得自己被认可，自信心也会随之增强。

在恰当的时机表扬孩子

父母要留心观察孩子的行为表现，当孩子第一次有好的表现时，要及时表达出高兴和赞赏，以鼓励孩子继续保持。当孩子不断表现出同样的行为时，父母就要隔一段时间再表扬，这样做有利于孩子将行为养成好习惯。

表扬孩子不能夸大其词

当孩子第一次学习用筷子吃饭时，妈妈的表扬是恰当的，如果孩子都已经10岁了，还去表扬此种行为，父母的做法就有失偏颇了。所以，对孩子的表扬要实事求是，不要夸大其词，同时还要告诉孩子这样做为什么是好的、对的，以培养他判断是非的能力。

怎样批评孩子更能听进去

孩子犯错是正常的，父母批评管教也是责任所在，但有些父母却认为只有打骂才能让孩子长记性、不再犯错，却不知这样会伤害孩子的内心。父母要抛弃这些错误的方式，巧用方法让孩子听进去，才能改正错误。

父母控制情绪

孩子闯祸父母难免会生气，但不要让“怒火”冲昏头脑而动手打骂，父母要学会控制自己的情绪。

听听孩子的解释

为了避免误解孩子，给孩子造成伤害，父母在批评之前要给孩子一个解释的机会，听听孩子的心声。

不翻旧账

父母翻旧账式的批评很容易让孩子感到自卑，或者索性将其当作耳旁风，并不能达到批评教育的目的。

把握时机

孩子犯错的当时大多会产生内疚感、畏惧感，因而更容易听取教导，接受批评。父母要抓住这一时机。

注意语气、态度

不要用强硬的语气或贬低的态度训斥孩子，温和且真诚地指出错误，才能达到批评教育的目的。

不要当众批评

当众批评会伤害孩子的自尊心，有的孩子还可能产生破罐子破摔的心理。因此，父母不要当众批评孩子。

男孩的故事

恒恒是小区里有名的“调皮大王”，一天恒恒妈下班回家，正巧看见恒恒在捉弄一个小女孩，还“号令”其他几个男孩一起嘲笑她长得胖。恒恒妈急走了几步，气冲冲的就把恒恒“揪”回了家，批评教育了一顿，并且还把他之前做错的事情一并搬出来：撒谎、贪玩、不写作业、还顶嘴……

刚开始恒恒还低头认错，可是后来就跟妈妈顶起来：“妈，你说够了没有？在你眼里我就没有一点好，全是我错！”妈妈一听更生气了，又是一顿批评，最后弄得不欢而散。

很多父母都有过诸如此类的经历，爱把孩子的“旧账”翻出来，絮絮叨叨说个没完，而孩子的反应要么就是自卑，要么就是把父母的话当作耳旁风。这两种结果都不是家长的真正目的。所以批评要就事论事，少“翻旧账”。

POINT

家长在教育孩子时尽量做到“犯一次错，只批评一次”的原则，批评的话应该换个角度、换种说法，否则孩子会觉得大人抓住自己的错误不放，容易产生逆反心理。

允许男孩合理地宣泄情绪

男孩常常因为语言表达能力有限，处理问题的能力较差或者性格原因，而不能清楚地表达自己的情绪，长此以往，会损害孩子的身心健康，父母要引导孩子合理地宣泄情绪。

哭是宣泄情绪的一种方式

有的父母认为男孩不能哭哭啼啼。其实，男孩的哭泣会传递出很多信息，父母要理解并接纳孩子的情感需要，了解哭声背后的信息，从而引导和帮助孩子渡过难关。

多与孩子沟通和交流

父母要了解孩子，并关注孩子的情感需求和情绪变化。不要让孩子因为沟通不畅而关上“心门”，父母只有对孩子的个性有足够了解，才能及时察觉到他的情绪变化，并因势利导帮助孩子渡过难关。

疏导孩子的不良情绪

如果孩子过分压抑，会使情绪困扰加重，而适度地将不良情绪宣泄出来，会让孩子得到放松，所以父母要有意识地引导，例如让孩子通过运动、大喊等方式来发泄情绪。

POINT

父母在引导孩子用宣泄法调节自己的不良情绪时，要采用正确的方式，选择适当的场合和对象，同时还应增强他的自制力，以免引起不良后果。

亲爱的爸爸妈妈们：初为人父人母，你们一定对孩子的教育有很多困惑和问题。本书针对男孩的特点和个性做出解答，帮助父母成为合格的家庭教育者，培养出优秀、有个性的孩子。

微信扫描下方二维码，还可以获得更多主编精心准备的线上养育方法。

1. 科学育儿，父母必上的 64 堂课！微信扫码即可获取。

2. 温和而坚定，让孩子受益一生的教养方式！微信扫码即可获取。

3. 微信扫码加入阳光男孩养成圈，分享育儿心得，学习育儿经验！

4. 育儿难题求解答？专家为你支妙招！微信扫码即可获取。

5. 线上记录孩子成长瞬间，时刻分享孩子进步喜悦！微信扫码加入我们吧！

6. 微信扫码，可获取知名营养师打造的育儿营养膳食食谱！

快来为您的孩子准备营养美餐吧！

将爱植入男孩的心灵

俗话说，“种瓜得瓜，种豆得豆”，任何人的情感都不是自发形成的，而是他人播种的，只有从小就在男孩心中撒下爱的种子，才会结出“亲情、友情、感恩、同情、分享、真诚”这些爱的果实。

培养“有爱”男孩的 7 个着手点

爱是人际关系的坚实基础，一个内心充满爱的人，实际上是在不知不觉中为自己铺平了人生的道路。让孩子学会爱并不是一朝一夕就能完成的，需要父母从男孩小时候开始抓起。

重视对男孩爱的教育

涛涛是幼儿园大班的孩子，这天妈妈来幼儿园接他回家，涛涛高兴地对妈妈说：“妈妈，今天老师奖励给我一面小红旗，因为我今天做了一件好事，我看见一位小妹妹在哭泣，就给了她纸巾，还安慰了她。”妈妈听了只说道：“哦。”接着就迫不及待地问涛涛的学习情况：“今天老师都教了什么啊？教你的英文字母你都会了吗？……”

事例中涛涛妈妈这样的行为很普遍，在大多数父母眼里，孩子的学习成绩好是最重要的，这意味着孩子能考上理想的大学，为将来步入社会提供一个比较高的起点；对孩子的能力也很看重，因为孩子将来要靠自己的能力立足于社会，得到别人的认可。但是，对于孩子爱的教育——孩子能否成为一个真诚善良的人，却被许多父母所忽视。

其实，学习成绩和能力固然重要，但是对孩子爱的教育同样关键。一个有爱心的孩子才能发现、感受生活的美好，如果没有爱带来的美好的情感体验，即使孩子学富五车、精明强干，他的人生又有何乐趣呢？

著名教育家苏霍姆林斯基曾说过："爱的教育应是整个德育的主旋律。"父母作为孩子第一任老师，不仅要爱孩子，更要重视给予孩子爱的教育。

案例中涛涛做的事情是他稚嫩爱心的展现，但妈妈只关注了孩子的学习情况，而忽视了孩子的这一表现。让孩子感到自豪的一件事，妈妈却反应平淡，他会觉得自己只需要学习好就行了，做其他的事情没有意义，慢慢地这一点刚刚萌芽的爱心会在父母的冷落中渐渐枯萎，孩子以后的生活中出现类似的行为会越来越少，直到不知道如何关爱他人。但如果涛涛妈妈能称赞孩子的这一善举，并抓住机会引导孩子坚持帮助别人，相信涛涛以后会更有能量去关爱别人。

孩子的心灵是纯净的，没有天生自私冷漠的孩子。父母给他们什么样的教育，就会有什么样的回应。如果希望孩子将来成为一个拥有爱心、有血有肉的人，那么父母从小就要重视对孩子进行爱的教育，在孩子心中播下爱的种子，慢慢长成参天大树，最终孩子也会收获他人的尊重和关爱。

以爱培育有爱心的男孩

每个父母都希望自己的孩子懂得爱、发现爱、学会爱，但孩子的爱不是凭空生发出来的，他需要在爱中学会爱。父母要用无偿的爱为孩子创造一个美好的成长空间，让孩子在爱的呵护中学会感恩，懂得包容，成长为一个善良且有爱心的人。

父母要懂得怎么爱孩子

世界上没有不爱孩子的父母，但却有很多不懂得如何爱孩子的父母。有的父母认为，给孩子用不完的零花钱，给他买名牌衣服，让他们上好的学校才是爱。但物质上的富足只能带来生活上的愉悦，感情上的空白会让孩子和父母之间日益生疏、性格变得冷漠，甚至形成错误的人生观。还有的父母让孩子过得像个“小皇帝”，一切要求都无条件满足。一味地溺爱无法唤醒孩子内心的爱，因为在他的认知里，自己获得的一切都是理所当然的。

其实，爱是内涵极为丰富的情感，它的传递往往是在日常琐事中完成的，细心地照顾、温柔地对待、耐心地倾听、积极地赞扬、默默地陪伴，生活中看似平凡无奇的举动其实都是父母对孩子爱的流露。并不是物质化、无节制的爱才是爱，父母要明白这一点，给予孩子纯粹的爱、科学的爱、理智的爱，这才是真正爱孩子。

父母要引导孩子学会爱

虽然有的父母对孩子倾注了全部的爱，但孩子却没有一点关爱父母的意识，这是因为父母在给予孩子无微不至的爱的同时，忽视了让孩子学会爱、发现爱、表达爱、珍惜爱，或者是没能有意识地给予孩子表达爱心的空间和机会。

比如，孩子还小的时候，有时把好吃的分享给父母一点，父母却说："爸爸妈妈不喜欢吃，这都是给你的，宝宝自己吃吧。"孩子上学后，有时兴致勃勃地想帮助父母做一点家务，父母却说："你只要好好学习就行了，不用你干活。"这样的事多了，孩子也不知道如何去爱父母了，更不用说爱别人。

不可否认，父母爱孩子确实不求回报，但这只是单向输出，而不是双向交流。父母在把爱倾注给孩子的同时，并没有注意培养孩子去爱别人，也没有给孩子施展爱的空间，久而久之，孩子认为别人爱他是天经地义的，而他却不知去关怀和爱自己的父母、亲人与同伴，不会体谅他人的痛苦与欢乐，最终成为个性冷漠的人。

POINT

父母不应该默默奉献爱，而应该引导孩子学会发现爱、表达爱，并理直气壮地接受孩子的爱。比如，当妈妈蹲着择菜时，爸爸不妨暗示年幼的孩子："你看为了准备全家人的菜，妈妈多累啊，给妈妈搬个小凳子坐吧！"当孩子给妈妈送去小凳子时，爸爸妈妈要及时给予孩子赞扬，让孩子从表达爱中收获快乐，并逐渐形成关爱父母的意识。

给男孩一颗感恩的心

一个男孩如果不懂得感恩，就不会懂得去回报父母、回报老师、回报其他对他有恩的人，更别提回报社会，这样他终将被社会孤立，无立足之地。感恩之心不是与生俱来的，它需要靠后天的培养和教育才能获得。为了孩子的成长，父母应让孩子从小学会感恩。

父母要让男孩懂得爱

长期以来，许多父母在对待孩子时过于“伟大”“无私”，只一味地奉献，一味地关爱，而不让孩子了解自己内心的真实感受，孩子觉得父母的付出是理所应当的，就很难懂得感恩。

对待孩子，光付出爱是不够的，等着孩子长大再理解父母的爱也是不行的，父母需要适时地点拨，让孩子懂得在这些行为的背后蕴含着一份份关爱，让他去体谅大人为什么这样做。这样孩子才能明白自己所获得的不是理所当然的，他才能渐渐懂得感谢父母。

比如有的家庭，有好东西总是让孩子先吃，父母这时应该真诚地告诉孩子：“我们其实也很想吃，但我们不舍得吃，我们希望把好的东西留给你，希望你营养充足，健康成长。”这样，孩子才会明白父母的苦心，并因此而感恩。

POINT

有的父母常会在孩子面前说：“爸爸妈妈这么辛苦都是为了你，你不好好听话对得起我们吗？”表面上是希望孩子明白自己的苦心，其实这反而给孩子造成了心理负担，它暗示了“我付出给你，你要偿还”的信息，这样孩子就算回报也不是出于感恩之心，是不可取的。

教会男孩说“谢谢”

培养孩子的感恩之心，要让他学会表达感恩，而表达感恩可以从学会说“谢谢”开始。当父母递给他一杯水，当公交车上大人给他让座的时候，就需要教会孩子说“谢谢”。一句“谢谢”不仅能够表达自己的感激之情，也能让对方感到自己的付出得到了回报。只有这样，孩子以后才会得到更多人的帮助，也会主动地帮助别人。

给男孩讲一讲感恩的小故事

有一个从小备受娇宠的男孩，原本对父母一直颐指气使，有一天学校组织看了电影《背起爸爸上学》，男孩被里面的情节所感动，回家后和爸爸妈妈分享了电影情节，自此后父母就经常给他讲一些关于“爱与感恩”的故事，慢慢地，男孩对父母的态度转变了很多。

平时生活中，父母可抓住机会给孩子讲一讲与感恩有关的故事，比如韩信报分食之恩、吃水不忘挖井人的故事，或一起看相关的绘本、电视节目等，让孩子从中受到启发。

抓住时机让男孩学会感恩

逢年过节，父母可以提醒孩子对每一位家庭成员说一句祝福的话；父亲节、母亲节、教师节、家人过生日时，可以鼓励孩子说一些感谢的话语，或亲手制作礼物送上美好祝愿。当孩子表达感激时，大人也要真诚地回应孩子，让他从中感到快乐。另外，父母也要教孩子学会珍惜别人的情意，对家人、朋友送他的礼物，要表示感谢，不管价钱多少都要妥善保管。

培养男孩的孝心

“百善孝为先”，孝顺是中华民族的传统美德。父母都希望自己的孩子是个孝顺的人，但现实中很多孩子的表现却令人大失所望。

许多男孩从小过着衣来伸手、饭来张口的日子，父母和祖辈对他的要求百依百顺。在这样的环境中成长起来的男孩不会考虑到大人照顾自己的千辛万苦，反而在自己的要求得不到满足时，容易做一些“忘恩负义”的事，让父母感到寒心。

一个没有孝心的人，也不可能对别人生出爱心，不论他事业多么成功，也很难收获真正的幸福。因此，父母千万不能忽视培养男孩的孝心。除了不要过分纵容和溺爱孩子，还需要注意以下方面：

父母为孩子树立榜样

孝顺是在一种良好的家庭氛围中熏陶出来的，父母的言行就是男孩行动的镜子。如果孩子经常看到已经为人父母的大人不孝顺自己的父母，孩子也会有样学样。因此，父母要孝敬老人，这样才能为孩子树立榜样。比如家中有老人，有好吃的先给老人吃，经常给老人揉肩捶腿，陪伴老人散步等；如果老人不在身边，经常给老人打电话问候。要让孩子看到父母不仅对自己有爱，对长辈也有爱，用身教的力量感染男孩。

培养男孩的孝心从细节做起

培养孩子的孝心可以从生活中一点一滴的小事入手。比如，可以让孩子为父母端茶倒水，吃完饭帮忙收拾碗筷等。如果孩子做得不好，不要横加指责；孩子做得好时，要多表扬鼓励。总之，就是根据孩子的年龄，让他们为父母做一些力所能及的事。

让男孩理解长幼有别的家庭关系

小宇是家中的“小霸王”，平时在家只要有不如意的地方，他就会发脾气。有一天，小宇想吃炖鸡腿，妈妈做饭时把鸡腿切成小块炖了给他吃，小宇一看不是一个完整的大鸡腿，当时就气得摔筷子，妈妈说他几句他还生气地打了妈妈一巴掌。

虽然现代家庭教育提倡要民主、平等，不可搞家长制、一言堂，但长幼有别的道理还是要灌输给孩子。要明确长辈在孩子心中的地位，告诉他可以提出反对的意见，但不能逞强胡闹，发生分歧要用和平的方式解决等。

让孩子了解父母的辛苦

现在许多父母每天努力工作、辛勤地做家务，希望可以给孩子提供更好的生活条件，却很少让孩子知道自己背后的辛苦。孩子不懂父母赚钱养家的不易，又怎么会懂得孝敬父母呢？因此，父母应当有意识地把自己在外工作的情况告诉孩子，让孩子明白父母的钱得来不易，孩子自然就会珍惜自己的生活，也会从心底产生对父母的感激和敬重之情。

让男孩拥有同情心

现在许多在溺爱的环境中成长起来的男孩，总是以自我为中心，对他人漠不关心：看到别的小朋友感冒流涕，会哈哈笑着叫人“鼻涕精”；看到树荫下乘凉的小狗，会一脚踢开……这都是孩子缺乏同情心的表现。

同情心是一个人基本的道德情感。有同情心的人通常心地善良、富有爱心，能在别人需要帮助时伸出援助之手。一个没有同情心的人往往性格孤僻、待人冷漠，不懂得关爱别人，在自己遭遇苦难时，自然也得不到别人的关爱。那么父母应该怎样培养男孩的同情心呢？

呵护男孩萌芽中的同情心

孩子从一出生就有一种“感同身受”式的同情心，比如他看到别的小朋友摔了一跤哇哇大哭，自己也会露出痛苦的表情，跟着哭起来。这是非常值得呵护的同情心萌芽状态，是日后同情心发展的心理基础，父母不能嘲笑或责怪他“没事跟着哭什么哭”，而是要给予肯定和鼓励，并给孩子一些正确的引导，比如拿手帕让他去给正在哭的小朋友擦擦眼泪，用小手轻拍小朋友的背安慰他等。孩子的同情心就像含苞欲放的花蕾，父母越精心呵护，越会持久绽放。

引导男孩爱惜物品，关爱大自然

孩子在玩耍的时候，会很自然地给玩具赋予生命，和它们说话。父母可以利用孩子的这个特点来引导他爱惜物品，关爱身边的小植物、小动物。比如，当孩子故意踩死蚯蚓时，父母可以模仿蚯蚓的口吻说："我的身体好疼呀，呜呜呜……"这样容易让孩子在情感上产生共鸣。这时父母再引导孩子想象自己受伤了会有什么感受，让他设身处地地去体会和理解小植物、小动物的痛苦，然后将这种情感迁移到人的身上，让孩子懂得同情、关爱他人。

通过情境游戏培养男孩的同情心

孩子通常都喜欢做游戏，父母可以通过游戏促进孩子的情感发展，培养他的同情心。比如可以让孩子蒙上眼睛扮演一位盲人，由爸爸帮助他过马路，描述周围的美景给他听等。通过角色扮演引导孩子体验当自己处在困境中时希望获得帮助的情感、愿望，从而促进孩子学会由己及人、设身处地地理解和关心别人。

利用故事激发男孩的同情心

父母可以经常给男孩讲一些能激发同情心的故事，故事中人物的喜怒哀乐、社会的真善美和假丑恶都会激发起男孩内心世界的情感波澜。父母此时再和男孩交流、探讨听完故事的感想，可以让男孩加深对故事的理解，唤起男孩同情弱小、崇尚善良的爱心体验。

让男孩学会关照他人

孩子的爱心、同情心要在关心、照顾他人身上得到体现，让孩子学会关照他人，是让孩子形成善良等品质的好方法，对他将来顺利融入社会、协调人际关系也至关重要。

鼓励男孩帮助他人

在日常生活中，我们常常会碰到他人需要帮助的情况，这时父母可以鼓励孩子伸出援助之手。

比如看到年迈的奶奶拎着东西爬楼，可以跟孩子说："奶奶拎着这么多东西一定很累，我们帮帮她吧。"然后尝试和孩子一起帮老奶奶拿一些。当看到小朋友哭泣时，可以和孩子说："他看上去很难过，一定发生了令他很伤心的事吧？"建议他去问一问小朋友需不需要帮助。当家里有人生病时，可以引导孩子感受亲人生病的痛苦，鼓励他为生病的家人取药、送水。

让男孩尝试照顾他人

生活中的许多场合、许多事情，只要父母抓住时机正确引导，都可以用来培养男孩关照他人的意识。比如当爸爸下班回来，妈妈可以教孩子对爸爸说："爸爸辛苦了，我给您拿拖鞋。"吃饭时爸爸没回来，要提醒孩子给爸爸留饭或耐心等待；当孩子和别的小朋友在公园玩，可以让他当大哥哥，保护比自己小的弟弟妹妹，或在游戏中照顾其他人的感受；如果条件允许，可在家中栽种小植物或饲养小动物，让他负责给它们浇水、松土、喂食，让他看到一个小生命在他的照顾下慢慢成长。

男孩的故事

浩浩的外婆到家里来了，爸爸妈妈热情地给老人泡茶、拿水果。爸爸看到浩浩坐在沙发上看电视，就对他说："浩浩，帮外婆削个苹果吧。"浩浩有点不乐意，爸爸就告诉他："外婆的眼睛花了，自己没法削苹果，如果你能帮她削一个，她会很高兴的。"浩浩走过来给外婆削了一个苹果，爸爸高兴地说："浩浩真懂事，难怪外婆从小就那么疼你。"外婆也不住地夸他，浩浩不好意思地笑了。后来在爸爸妈妈的引导下，每当家里来了客人，浩浩都会主动问好、帮忙拿拖鞋、端水果，大家都夸他是一个会关照人的好孩子。

POINT

父母要引导孩子关照他人，当孩子为此而付出努力时，要及时给予肯定和赞扬。这样孩子就会感到愉快和满足，从而坚持自己的行为，并逐渐转化为自身的习惯。

让男孩学会与人分享

明明今年快6岁了，长得聪明可爱，就是有一个缺点——不愿分享，只要是他喜欢的就要占为己有，谁也不能动，让父母很是头疼。一天，明明妈妈的同事带着和明明同岁的儿子轩轩来家里玩。轩轩刚拿起一个小汽车，明明赶紧喊起来："不要动！这是我的汽车！"轩轩又拿起一个小皮球，明明又喊："这也是我的，你不能动。"明明妈妈看到这一幕，对明明说："你玩其他的，这个给轩轩玩一会儿。""不！我不要把它给轩轩，它是我的！"明明反驳道。这让妈妈感到很尴尬。

对于幼小的孩子来说，分享不是一件容易做到的事，在他的认知里，分享意味着属于"我"的东西被人拿走了，再也回不来了，心中的沮丧是可想而知的。

有的父母不明白孩子的心理感受，为了让孩子把手里的玩具或糖果交出来让大家分享，往往百般劝慰，甚至威逼利诱，结果却搞得孩子大哭大闹。其实这样已经丧失了分享的意义，因为很多时候父母让孩子分享，潜意识里是为满足自己的心理需求：看我的孩子多大方，多懂事，却完全忽略了孩子的感受。

分享的真正意义不在于博得他人的好评，而在于孩子能从分享这个行为中和他人构筑友善、和谐的关系，体会到人与人良性交往所带来的快乐。让男孩学会分享不能操之过急，而要循序渐进。

尊重男孩正常的占有欲

对于大人来说，孩子的玩具只是玩具，但是对于孩子来说，玩具可能是非常珍贵的。父母要尊重孩子正常的占有欲，不要强硬地要求孩子分享，而是要慢慢地引导他，让他自愿分享。

让男孩明白分享的意义

父母不要简单地对孩子说“你应该把小汽车让轩轩玩一会儿”，还得告诉他这样做的意义。比如：“现在你把小汽车给轩轩玩，等下次去轩轩家他也会把玩具给你玩的。”“如果小汽车是轩轩的，他不借给你玩，你会不会难过呢？”通过向男孩描述分享的意义，激发孩子分享的动机。

通过表扬强化男孩的分享行为

想要让孩子愉快、主动地与人分享，让他从分享中获得快乐就十分重要。当孩子表现出分享行为时，父母要及时肯定男孩的行为，比如：“你把小汽车借给轩轩玩了，轩轩多么高兴啊，这是你的功劳。”“你把你的玩具拿出来和小朋友一起玩，你做得非常好，妈妈为你感到骄傲。”通过表扬让孩子享受到分享的快乐，从而加强和维持自己的分享行为。

POINT

父母不要强迫男孩把所有的东西分享，如同大人也有不愿与人共享的心爱物品一样，孩子对他珍视的物品常常也不舍得分享，但这并不阻碍孩子分享意识的建立和完善。

培养“有爱”男孩应注意的问题

教育男孩不仅要开发他的智力，还要培养他的爱心。心中有爱，才能感受世间各种美好的情感。但爱心不会自发产生，它需要精心培植和呵护，父母应注意以下方面。

冷漠的家庭氛围会削弱男孩的爱心

家庭氛围对孩子身心健康的影响是巨大的，充满关爱的家庭氛围，是滋养孩子爱心的良好土壤。营造一个和睦的家庭氛围，父母在家孝顺老人、夫妻恩爱，家庭成员之间和睦谦让、相互理解、相互关心，在这种环境的影响下，孩子从小就会习得与人互助、互爱、关怀、谅解，变得富有爱心。

如果家庭氛围冷漠，父母对人粗暴、遇事爱发脾气、争吵不休、常有攻击行为，又或者毫无责任心，处事自私，不体恤、关心他人等，家中犹如精神监狱，这种家庭氛围下成长起来的孩子也容易滋生出冷漠、偏执等不健康的心理，抑制善良情感的萌发。

可见，良好的家庭氛围是孩子良好情感形成和发展的前提条件。父母要努力构建融洽的家庭气氛，家庭成员之间和睦相处，尊老爱幼，父母说话办事不以家长的权威压人，而是以理服人，以情感人，以样教人，使家庭呈现民主、和谐、平等的融洽气氛。孩子在这样的家庭氛围中才能形成和发展爱心。

吝啬父母教不出有爱心的男孩

由于父母和孩子之间有密切的情感依恋，父母的一言一行会更容易全面深入地影响孩子，在孩子心灵深处产生深刻的印象。

有的父母待人吝啬、没有爱心，对别人的困难和不幸无动于衷，从来不舍得付出，生长在这样家庭中的孩子，从小受到父母的影响，待人自然也比较冷漠。父母要培养男孩的爱心，自己就要树立一个榜样，特别是在日常生活的细节中。平时父母应该慷慨待人，如热情招待来访的客人，乐意把自己的物品借给邻居使用，帮助提着购物包的人按电梯楼层，或者为年迈的邻居顺手倒个垃圾等，点滴小事，无穷榜样。

另外，父母还要引导男孩积极关心和帮助有困难的人。比如，在公共汽车上对孩子说："你看那位老奶奶腿脚不方便，我们把座位让给她吧。"还可以鼓励孩子解囊相助，把自己的玩具或衣物送给贫困家庭的孩子，把自己的零花钱积攒下来进行慈善捐款，让孩子体会到助人的乐趣，最终萌发善良的情感。

不要完全以男孩为中心

4岁的俊俊正津津有味地吃着草莓，爸爸走过来说：“草莓给爸爸尝一个吧。”俊俊把草莓端起来，大声说：“不给。”“小东西，这么自私。”说着，爸爸故意拿起一个草莓塞进嘴里。结果俊俊大哭起来。妈妈连忙跑过来一边哄着俊俊：“宝贝别哭，都是爸爸不好。”一边数落爸爸：“这么大的人还和孩子争东西吃，不像话。”

事例中的妈妈没有认识到让男孩吃独食的危害，其实现实生活中，有不少父母都像这位妈妈一样，凡事以孩子为中心，家里所有的好东西都只给孩子一人，所有人都为孩子服务，并且觉得这没什么大不了的，“家里就一个孩子，不疼他疼谁啊！”许多父母都这样想。久而久之，男孩无形中的“自我中心”意识就会膨胀，他会理所当然地认为所有好东西都应该属于自己，自私自利的思想就会由此产生。

为了不让孩子成为以自我为中心的人，父母应改变以孩子为中心的状态。首先，父母不要把他当成家中的特殊人物，要让孩子处于与家人或他人同等的位置，比如有好吃的东西，家中成员一起平等地享受，不给孩子特权，对孩子贪占、自私的行为也应严格地纠正；其次，父母不能总当“无名英雄”，要从小告诉孩子，无论是谁为他做了什么他都应该感激，不能把别人的付出当成理所当然，并循序渐进地教他做一些家务事，让他体会到父母为家庭付出的辛劳，并产生感激之情。

仁爱之心让男孩受益一生

从小给孩子一颗仁爱之心，让他懂得爱、珍惜爱、愿意付出爱，那么将来无论是在他拼搏奋斗之时，还是为人处世的过程中，都会对他产生非凡的意义。

“人之初，性本善”，孩子天性中就有善良和同情的品质，但这些品质很容易受到后天教育、周围环境等的影响，对于孩子爱心的萌芽，父母要细心呵护和引导。具体来说，要注意以下方面：

★ 要想让孩子成长为一个人格健全的人，在未来的路上走得更顺利，父母就要重视从小对孩子进行爱的教育。

★ 父母无偿的爱就像一粒粒饱满的种子，撒在孩子稚嫩的心田里，生根发芽，并在爱的浇灌下渐渐壮大。

★ 以爱之名，对孩子一味给予、过分纵容，只会让孩子只知爱己，不知爱人；只知索取，不知付出。爱孩子，父母就要给予孩子理智的爱。

★ 孩子的爱心，需要父母从家庭中培养起，从对父母的孝顺而延伸到对其他长辈、老师的尊敬、恭敬。

★ 爱心不仅是对父母的孝顺、对长辈的尊重，还有对他人的关怀：同情不幸的人、帮助弱者、关照有需要的人。此外，还包括爱护自然界的其他生命、爱惜物品等。

★ 当孩子开始主动与人分享的时候，就说明那颗仁爱之心已经开始带给他快乐了。

★ 当孩子善待亲友、关爱他人的时候，父母的赞许会为他增添无穷的动力，激励着他的爱心不断生长。

亲爱的爸爸妈妈们：初为人父人母，你们一定对孩子的教育有很多困惑和问题。本书针对男孩的特点和个性做出解答，帮助父母成为合格的家庭教育者，培养出优秀、有个性的孩子。

微信扫描下方二维码，还可以获得更多主编精心准备的线上养育方法。

1. 科学育儿，父母必上的64堂课！微信扫码即可获取。

2. 温和而坚定，让孩子受益一生的教养方式！微信扫码即可获取。

3. 微信扫码加入阳光男孩养成圈，分享育儿心得，学习育儿经验！

4. 育儿难题求解答？专家为你支妙招！微信扫码即可获取。

5. 线上记录孩子成长瞬间，时刻分享孩子进步喜悦！微信扫码加入我们吧！

6. 微信扫码，可获取知名营养师打造的育儿营养膳食食谱！

快来为您的孩子准备营养美餐吧！

让男孩拥有良好的自控力

自控力对于一个人来说，是一种修为，一种能力。一个拥有自控力的人能很好地约束自我，克服困难，坚定自己的目标，也更容易获得成功。所以，从小就开始培养孩子自我约束的习惯吧！

培养自律男孩的 7 个着手点

自控力对于孩子的一生都至关重要。有自控力的孩子做事情通常更有耐心和毅力，有能力面对各种挑战，并且能更顺利地融入社会。

增强自控力从学会管理情绪开始

现在许多家庭的男孩都是家长的“心头肉”，一出生全家人就都围着他转，处处以他为中心，只要孩子喜欢做的事，爸爸妈妈、爷爷奶奶都会全部满足。渐渐地，孩子的脾气越来越大，只要稍有不顺心的事就会生气，一生气就控制不住地摔东西、骂人，甚至动手打人或伤害自己。

当人的情绪出现波动的时候，自控力也会受到影响。即使是成年人，在生气的时候也很难控制住自己不做冲动的事，更何况是心智不成熟的孩子。想要增强男孩的自控力，就得先让他学会管理好自己的情绪。

帮助孩子认识情绪

管理情绪的第一步，就是能识别出自己的各种情绪。让孩子认识情绪，要让他对情绪有一个基本的概念，父母可以随时指出孩子的各种情绪——高兴、失望、委屈、伤心、期待等，不断丰富孩子对情绪的认识，并让他知道哪些情绪是积极的，哪些是消极的。孩子能识别的情绪越多，他就越能清晰地表达出来，而准确表达自己的情绪，是引导孩子处理情绪的开端。

教给男孩管理情绪的正确方法

父母应该教给男孩一些管理情绪的方法，让他在觉察到自己的不良情绪时，能尽量做到以恰当的方式来宣泄消极情绪。

- 转移注意力。引导孩子把注意力转移到其他事物或其他活动上去，如看看电视、出去玩耍、和父母一起回忆愉快的经历等，中止不良情绪的刺激。
- 适度宣泄。适当地宣泄消极情绪可以让人得到放松，当男孩情绪不佳时，父母可以引导他去外面跑跑步、打打球，或者到空旷的场地大声喊叫，发泄心中的郁闷。
- 找人倾诉。当察觉到孩子被消极情绪困扰时，父母可以让他找自己或朋友倾诉。倾诉完之后，孩子可能就觉得这一切其实没什么大不了的。
- 进行积极的心理暗示。平时父母要注意给孩子这样一种心理暗示——情绪是可以控制的，孩子会在潜移默化中受到影响。

等孩子自己冷静一些之后，父母要适时地引导他去分析思考，想想刚才的情绪是怎么引起的，以后怎样做可以避免，下次再有类似情况该怎么办，并肯定他为控制自己的情绪所做的努力。

POINT

教会男孩管理自己的情绪需要父母的耐心帮助，要做到这一点是有难度的。当孩子发脾气时，父母常常忍不住火冒三丈。只有从一开始就树立了打“持久战”的决心，才能暗示自己从容地对待。

让散漫的男孩学会自我管理

说起男孩的特点，许多人会想到这样一些形容词：自由散漫、不听管教、没有纪律性。这其实不是男孩的本性，但又确实是许多男孩身上存在的问题。

阳阳快4岁了，在幼儿园上小班。据老师反映，阳阳在幼儿园总是特别“散漫”：课堂上不跟着老师的节奏，经常自顾自玩；中午吃饭时喜欢端着碗到处跑；做手工或做操的时候经常搞怪，不听老师的讲解……阳阳的父母也很无奈，让老师强加约束怕破坏了孩子的天性，不管的话又怕孩子的散漫无法收拾。

男孩天生好动、喜欢冒险，这使得他看上去比女孩要自由散漫。散漫的男孩往往无法有效地进行自我约束，如果小时候不帮助他学会自我管理，那么将来无论他做任何事，都会受到这个坏习惯的影响。一般来说，父母在引导散漫的孩子培养自我管理的能力时，可以从以下几方面着手：

让男孩树立正确的是非观

如果一个孩子缺乏明辨是非的能力，就不会对自己的言行进行适当的约束，自由散漫，想干什么就干什么。父母必须从生活中的细节入手，告诉孩子什么是对的、什么是错的，帮助孩子形成正确的是非观念，并以此约束自己。

从小给男孩灌输规则意识

规则意识淡薄、不守规矩的孩子，其自我管理能力和自我约束能力相对来说也不会太强。父母可以有意识地让男孩多接触各种规则，如课堂纪律、游戏规则、交通规则等，让男孩从小就在思想中树立规则意识，慢慢地学会自律。

给男孩自我管理的机会

帮助男孩学会自我管理，需要父母给孩子自我管理的机会，而不是替男孩进行管理。如果父母经常对男孩“发号施令”，替他打理好一切，一旦没有了父母的管制，孩子可能就会处于随心所欲的状态，只为了尽情体验“自由”的感觉。

在很多无伤大雅的问题上，父母完全不必处处为孩子安排，而应放手让孩子去尝试、探索，即便犯错也不要去指责他，而是要提示孩子自己思考发现错误，给他自我纠正的机会。当他做得比较好时，父母一定要及时鼓励或给予一些小奖励，来提升他的自信心。总之，父母不要怕孩子管理不好自己，自我管理也需要一步一个脚印地练习，只要父母给孩子一定的空间和自由，相信他会做得越来越好。

让男孩学会制订计划

对自己有规划的男孩通常比较自律。在孩子还处于婴幼儿阶段时，父母就要尽力呵护孩子的秩序感，培养孩子有规律的生活习惯；到孩子处于学龄期时，父母要创造机会让孩子学会制订计划，比如让他根据自己的意愿安排每日作息表，并做一些小规划：和 ×× 朋友玩，读 ×× 本书，看 ×× 节目等。在这个过程中父母要做的是引导孩子制订积极、有意义的计划，并在执行计划的过程中进行适当的提醒和督促，从而引导孩子学会自我管理。

立规矩帮助男孩学会自控

没有天生自律的孩子，低龄的孩子还不能判断和评价自己行为的适宜度，这时父母就要制定一些必要的规矩了，以帮助孩子养成自律的习惯。

事先定好规矩

一说到规矩，可能许多人首先想到的是限制，但其实规矩能让孩子感到放松。无论是大人还是孩子，都会担心自己不喜欢的事情发生，如果能预见将来可能发生的事，精神上就会放松很多，对于孩子来说更是如此。许多孩子没有自制力，总是随心所欲地做自己想做的事，比如吃饭之前吃大把零食，不写完作业就去看电视，一旦父母来督促孩子做什么，孩子就会觉得很抵触，不愿执行，因为这件不喜欢的事情是突然发生的，孩子没有心理准备。

父母不如事先给孩子定好规矩，让他知道该做什么、不该做什么，可以期待什么、等待什么，而不是反复地试探父母的底线。比如吃完饭后才可以吃零食，在外面玩到了吃饭的时间必须回家。这些生活中的规矩，这些规律性出现的事情，在男孩遵守的过程中慢慢就会转变为自我约束，这个过程就是男孩自己内化、习得自控力的过程。

父母需要为一切可能出现的问题事先定好规矩，比如关于早晨起床、吃饭、写作业、看电视、吃零食、做家务

等。也可以为即将出现的新问题定好规矩，如拜访新朋友、客人来访、去医院、去商场要遵守什么规矩等。需要定什么样的规矩取决于男孩的年龄与性格。总的来说，对于精力旺盛的男孩，父母定的规矩要更加详细和具体，因为他总会制造一些意想不到的新情况。

怎样定好规矩

为了使定好的规矩顺利得到遵守，不需要父母大声、不耐烦地重复指令，在定规矩时就要做好以下几个方面：

规矩要简单、具体。孩子的理解能力有限，如果制定过于复杂的规矩，反而会让孩子糊涂，比如“不要乱扔东西”，这样的规矩比较笼统，什么才是“不乱扔”，孩子并没有这个概念。给孩子定的规矩要简单、具体，明确告诉孩子应该做什么、怎么做，或是不能做什么、为什么不能做。比如要告诉孩子“穿衣服要整洁，把扣子系好，领子折下去，衣摆拉直”，这样孩子才容易接受并遵守。

规矩不要太苛刻。规矩的内容不要太苛刻，以免执行起来难度太大，打击孩子的积极性；另外，定规矩时要多用积极的词语，多列孩子“可以”做的事，比如“8点前写完作业可以看半小时电视”，不要全规定孩子不能做的事。

约定不遵守规矩的后果。指望规矩定好之后，孩子乖乖遵守，这是不现实的，因此，提前约定好不遵守规矩的后果就十分必要了。比如约定“如果到了吃饭时间不按时回家，就要相应地减少上网的时间”，这样会让事情更好办。当然，父母也可以和孩子约定遵守规矩会获得什么样的奖励，奖励的内容应尽可能与规矩本身有关，不要用物质奖励引诱孩子。

让孩子参与制定规矩。在制定规矩时，让孩子参与进来，一方面能让他对规矩的印象更深刻，另一方面也能加强他不遵守规矩时的内疚感，更为重要的是，协商的结果比较容易得到执行。

怎样执行规矩

尽管与孩子事先定好了规矩，但孩子仍然不一定会自觉遵守，因为孩子只要受到诱惑，就经常会忘记自己的承诺，这就需要父母采取合理的方法来让孩子遵守规矩。

执行之前先提醒。在执行规矩之前，先提醒一下孩子自己下一步的行动，可以让孩子为即将发生的事情做好准备，执行起来就不那么困

难了。比如“再玩5分钟就要去睡觉，我会在5分钟后关灯”。还可以提醒一下孩子不遵守规矩的后果：“如果到时不去睡觉，我关灯后你就只能自己在黑暗中待着。”不管孩子最终是遵守规矩，还是接受违反规矩的惩罚，都是孩子自己选择的，无论哪种结果，孩子都会相对更容易接受。

执行规矩要严格。有些父母心太软，规矩定了不少，可没有一条能坚持到底，比如说好睡前不能吃零食，可当孩子撒起娇来，有些爸爸妈妈就心软了，“好吧，只许吃一个。”可以想象，以后即使父母定下严厉的规矩，孩子也不一定会遵守，因为他知道自己只要撒娇耍赖父母就会妥协，长期如此就会让规矩失去原有的作用，孩子的自控力就难以形成。

兑现不守规矩的惩罚。假如父母与孩子约定过当他不遵守规矩时要接受什么惩罚，那么在他不守规矩后，父母就一定要兑现这个惩罚。如果“只打雷，不下雨”，次数多了孩子便会意识到规矩不用太当真，最后让规矩失去效用。当然，孩子可能会用各种方法来阻碍惩罚的执行，比如撒娇、大哭大闹等。对于撒娇的孩子，父母可以看着他的眼睛告诉他要看着自己听自己讲话，当孩子与父母进行眼神交流时，就会形成一种约定感，这样更容易说服孩子。对于大哭大闹的孩子，父母一定不能妥协，可以在保证安全的前提下让孩子独处一会儿，等他冷静下来后再引导他反省自己的行为，接受不遵守规矩的惩罚。

培养男孩抵抗诱惑的能力

相信许多父母在养育男孩的过程中，都遇到过类似下面情境的烦恼，并为此头疼不已：

一个周末，爸爸妈妈带着西西去动物园游玩。在动物园里，西西看见小兔子很可爱，吵着要抱一只回去养，爸爸好不容易跟他解释清楚动物园里的小动物不能带回家，他又看上了别的小朋友背着的小熊猫背包，于是缠着妈妈给他买了一个。路过一处卖玩偶的小摊，西西又被一只袋鼠玩偶吸引住了，在向爸爸妈妈承诺这是今天买的最后一个玩具后，西西如愿以偿地得到了袋鼠玩偶。可是没过多久，他又被另一个小摊上的吹泡泡玩具迷住了，哭着闹着要买。爸爸妈妈也很无奈，说好的逛动物园，最后变成了逛玩具店。

许多男孩对自己喜欢的事物有强烈的占有欲和尝试欲，这让他们往往对诱惑没有抵抗力。面对造型更多的变形玩具、看起来更酷的书包、香甜美味的零食，男孩往往会败下阵来，哭着闹着让父母给他买。人在一生中，各种大大小小的成就都取决于抑制冲动、抵制诱惑的能力。因此，面对诱惑，父母要教孩子学会克制自己，这样他将来才能不被诱惑引入歧途，而是沿着正途走向成功。

对孩子抵抗诱惑能力的培养，不是一朝一夕就能完成的，需要父母长时间的引导，主要应该注意以下方面：

关心孩子的精神需求

许多父母平时忙于工作和自己的休闲娱乐，很少花时间陪伴孩子，有时即使陪在孩子身边，也只是玩自己的手机、看喜欢的电视节目，“人在心不在”。缺少了父母高质量的陪伴，孩子基本的精神需求得不到满足，充沛的精力得不到发泄，就容易被各种诱惑所吸引，沉迷于手机游戏、追求各种新鲜的玩具。

父母平时要多关心孩子的精神需求，多和孩子沟通，可以谈论孩子喜欢的卡通人物、一天的所见所闻、各种天马行空的想法，陪孩子阅读、进行户外活动和亲子游戏等，增进亲子之间的关系，充实孩子的内心世界。

让孩子不要盲目攀比

孩子年龄尚小，很难建立起对事物的正确评价，难免会有攀比心理。父母要及时有效地引导孩子改掉虚荣、爱攀比的心理，给他传输一些积极、正面的思想和观念，注意培养他节俭的优良品质，促进他自觉地对诱惑“免疫”。

延迟满足男孩的要求

当孩子向父母提出某个要求时，父母可以有意识地让他承受一些忍耐和等待，即使他的要求很合理。比如孩子特别想买某个玩具，父母可以表达他们对他渴望买这个玩具的理解，并询问他希望在“六一”儿童节的时候买，还是生日的时候买。通过类似的方式，帮助孩子学会等待，进而增强孩子对诱惑的抵抗能力。

男孩的故事

妈妈带童童去超市购买日用品，出门前说好零食、玩具都不买，童童也一口答应了。到了超市走到一个玩具货架前，童童看着一个汽车模型走不动了，想让妈妈买给他。妈妈早就预料到了，但是她不打算给童童买，妈妈问他："宝贝，你还记得今天是陪妈妈出来做什么的吗？"童童说："是出来买纸巾的。"妈妈："真棒，你记得很清楚。你是陪妈妈来买纸巾的，你原本也没想要买玩具对不对？因为你已经有了很多玩具，而且咱们说好今天不买玩具的。"童童想了想确实是这样，但他还是很想要这个玩具，妈妈对他说："妈妈会记住你很喜欢这个玩具，等你生日的时候妈妈把它作为生日礼物送给你好不好？"童童虽然有点不情愿，但还是同意了。

POINT

妈妈拒绝了今天为孩子买玩具的请求，并承诺生日时会买给他。尽管孩子当天无法得到这个玩具，但他能感觉到妈妈尊重了他的意愿，会更乐意合作。延迟满足就是这样一点点增强孩子对诱惑的抵抗力的。

让男孩学会自我反省

在孩子还小的时候，由于心智不成熟，有时会一次又一次地犯同样的错误。但父母不能因为孩子年纪小就放松对孩子的要求，要让孩子学会自我反省、吸取教训，时刻提醒自己该做什么、不该做什么。父母可以从以下方面着手：

父母带头做自我反省

培养孩子学会自我反省，可以从父母带头自省开始。比如，每天晚上利用一点时间，和孩子一起坐在沙发上，聊一聊一天中自己有哪些做得好和不好的地方，并让孩子学着对自己的言行进行自我评价。父母在反省完后，要有实际行动进行改正，孩子在潜移默化下会习惯反省自己的错误并及时改正。

批评男孩时诱导他反省

父母在批评孩子的时候，不能一顿斥责了事，而是要引导孩子反思自己做得不够好的地方，和他一起分析原因，并鼓励他改正。这样孩子才能真正认识到自己的错误，并慢慢学会在犯错后反思自己的行为、总结经验教训，争取在以后不犯同样的错误。

提醒男孩进行自我反省

孩子经常会忘了进行自我反省，这是很正常的，作为父母可以有意识地提醒一下。父母可以和孩子一起制订几个方面的计划，比如按时起居、在学校努力学习、尊敬长辈等，把它们写在一张纸上并贴在冰箱或墙上，孩子每天放学后父母可以同孩子一条一条地进行反省。经过父母的耐心引导，孩子的反省习惯会慢慢养成。

利用故事和游戏启发男孩自律

大人一般都不喜欢听人说教，孩子也不例外。在培养孩子的自控力时，生硬的说教和唠叨可能难以获得想要的结果，还可能会引起孩子反感，父母不妨试试利用故事和游戏启发孩子自律。

给男孩讲讲自律的故事

对于生动有趣的故事，孩子都喜欢听，也容易接受。父母可以经常给孩子讲讲有关自律的故事，让他受到启发。比如，有趣的绘本故事《我不随便发脾气》、文学家鲁迅刻“早”字自律、古代教育家许衡乱世不摘梨、明代大学士徐溥储豆律己的故事等。让故事中一个个鲜活的形象走进孩子的心灵，感染孩子，激发孩子自律的决心，并学会以榜样的力量督促自己。

和男孩一起玩自律的游戏

平时父母可以和孩子玩一些培养自控力的游戏，比如多米诺骨牌。刚开始时，孩子一般都会对摆多米诺骨牌这个枯燥的过程感到不耐烦，摆不了几块就忍不住去推翻它。这时父母可以给孩子演示一遍，通过诱人的结果来吸引孩子忍耐这一段枯燥的摆放过程。在孩子摆的过程中，一旦出现烦躁的苗头，父母可以提醒孩子，摆得越多，推倒的时候就会越壮观，引导孩子克制自己的冲动，学会忍耐和坚持。

补充生理能量帮助男孩更好地自控

有心理学研究表明，自控是所有大脑活动中消耗能量最多的一项活动。当大脑发现可用能量减少时，它就会削弱一些开支以保存资源，首先就是削弱耗能最高的自控的开支，让人处于一种更冲动的状态，难以抵抗诱惑、集中注意力和控制情绪。

对于处在生长发育阶段的男孩来说，为了确保大脑进行自控活动时拥有充足的生理能量，父母应注意给孩子足够的补给，让生理能量可以持续不断地支撑孩子大脑的自控活动。

用“吃”补充生理能量

合理饮食可以保证给大脑提供进行自控活动所需要的血糖含量。另外，培养孩子养成良好的用餐习惯和规律的过程，实际也是锻炼孩子自控力的过程。

- 规范用餐时间。到了用餐时间全家人要一起坐到餐桌旁按时吃饭，不要在非用餐时间给孩子吃正餐；每顿饭要规定好用餐时长，比如半小时，到点就把饭菜收走，让孩子从小养成定时吃饭的好习惯。
- 定好吃饭的规矩。父母要为自己和孩子制定一些餐桌上的规矩，比如不能边吃饭边看电视，不能把玩具带到餐桌上，吃完饭后把自己的碗筷收到洗碗槽中；等孩子到一定年龄，父母要让他学会自己吃饭，不要等着父母喂饭。
- 注意营养均衡。父母要给孩子提供营养均衡的膳食，不能孩子爱吃什么、想吃什么就给他做什么。

用“睡”补充生理能量

孩子大脑的发育大部分是在熟睡的状态下完成的，所以父母要从小培养孩子养成良好的睡眠习惯，确保大脑的正常发育，让孩子的生理能量始终保持充裕状态。

- 保证足够的睡眠时长。处于学龄前和小学阶段的孩子，每天至少要保证睡10个小时以上，并养成早睡早起的作息规律。
- 让孩子快速入睡。睡前不要让孩子玩过于兴奋的游戏或看电视，可以给孩子讲故事、让他听听轻音乐；到了睡觉时间全家人要配合熄灯、保持安静，给孩子营造一个适宜入睡的氛围；控制孩子白天的睡眠时间，尽量不要超过2小时。

用“动”补充生理能量

有心理学家和生物学家通过实验研究发现，锻炼身体可以提高人的自控力，它能使大脑更充实，运转更迅速，从而改善自控力的生理基础。因此，父母平时应当鼓励孩子多运动。平时可以多带孩子到户外活动，进行快走、跑步、跳绳、踢球、爬山等运动，还可以在运动过程中加入一些游戏，提高孩子的积极性。孩子白天的活动量大了，晚上也会睡得更香，一举多得。

培养自律男孩应注意的问题

无论男孩现在年龄多大，父母都应重视对他自控力的培养，这需要持之以恒的引导，父母要注意不能忽视以下问题。

父母必须以身作则

乐乐的爸爸妈妈平时对他管教很严，乐乐犯错的时候经常会受到他们的严厉训斥，有时甚至还会挨打。但就算如此，乐乐依然很淘气，似乎总是不能管住自己，面对爸爸妈妈的责罚，乐乐也总是振振有词。有一次，乐乐因为在大冷天毫无节制地吃了一大盒冰淇淋被爸爸训斥了一顿，乐乐马上反驳说："你总说要戒烟，还不是经常抽，自己都管不好还来管我？"把爸爸气得忍不住要揍他。

父母在管教孩子时，往往会提出很多斥责："你怎么作业没写又在看电视？""我不喊你睡觉你就打算玩到天亮是吧？"……但我们自己是怎么做的呢？可能经常熬夜看球赛——我们拒绝不了某些诱惑；可能经常把今天该做的事拖到明天——因为我们有时也犯懒；可能把家里的东西随意堆放——我们自己有时就是得过且过……

如果父母自己都不能管住自己，即使道理讲得再棒，也没有说服力。父母是孩子的第一任老师，要让孩子形成好的自控力，父母就必须以身作则，这样才能促使孩子养成自我约束的习惯。

纠正男孩爱攀比的坏毛病

现在有不少孩子都有攀比心理，攀比的内容从玩具、衣服、文具到家庭条件，五花八门，让父母很是头疼。这种心理的产生有其客观必然性。由于孩子的自我评价和判断能力还不够成熟客观，当他看到别人有什么而自己没有时，就也想拥有，以表示自己不比别人差。

攀比会让某些不良欲望无限膨胀，让男孩难以控制自己的冲动，父母要注意及早纠正孩子的这个坏毛病。

不要对孩子有求必应

当孩子提出不合理的物质要求时，父母可以引导孩子思考这样东西对他来说是不是必需的，如果他只是“想要”而不是“需要”，父母可以给他讲明不能满足，即使孩子哭闹也不要轻易妥协，这样即便他不能完全接受，久而久之也不会轻易再向父母提出过分的要求。

转移孩子的注意力

当孩子和别人攀比时，父母可以把孩子的注意力从物质上转移到精神上来。比如当孩子说起某个同学的家里很有钱时，父母可以告诉孩子，那是因为他的爸爸妈妈努力奋斗才得来的。像这样，让孩子把注意力的焦点从物质上转移出来。

帮孩子树立正确的金钱观

父母可以通过带孩子参观自己的工作单位，让他做一些家务劳动获取少量报酬来体会金钱的来之不易，这样可以增强他对物欲的抵抗力，不容易产生攀比心理。

不纵容男孩的任性

生活中，任性的男孩并不少见，他们做事时往往对自己不加约束，想怎样就怎样，不分是非，有时明知道自己不对还要固执己见。

灿灿上幼儿园大班了，这天妈妈下了班从幼儿园接他回家。路过肯德基，灿灿突然说想吃汉堡和炸鸡，妈妈告诉他奶奶在家已经做好饭了，改天再带他吃。灿灿不依，非要去吃，妈妈不想让他吃油炸食品，就跟他说："你要吃就自己去吧，我走了。"说着作势要往前走，灿灿干脆一屁股坐到地上"哇哇"大哭。妈妈一边训斥他，一边想把他拉起来，而灿灿使劲挣脱开便开始躺在地上打滚，边滚边哭。许多路过的人围过来看，妈妈尴尬极了，只好抱起灿灿"躲"进了肯德基。

任性的男孩常常会用一些手段来"威胁"父母以达到目的，像大哭大闹、满地打滚、摔打物品，甚至动手打人等。而且他们往往不听劝阻，除非大人满足他的要求，否则就会僵持下去。

许多父母会出于心疼、束手无策等原因而答应男孩任性的要求，而父母一旦妥协，孩子尝到"甜头"，知道撒泼耍赖能让自己得偿所愿，那么以后更会用这些方式来"要挟"家长，一旦不能如愿，就闹到父母心软答应为止。任性的男孩长大后往往容易成为唯我独尊、为所欲为的人，自控力在他身上难见踪影，父母一定不能纵容孩子往这个方向发展。

面对孩子的任性，父母要旗帜鲜明地拒绝，让孩子明白父母的态度。但直接的拒绝有时会换来男孩“变本加厉”的任性，所以需要讲究一些方法：

对男孩进行冷处理

一般在孩子任性当头，哄劝或打骂都难起作用，最好的方法是冷处理。比如，在家里遇到孩子发脾气、哭闹不休时，父母可以暂时离开房间，把孩子一个人留在那里发泄一会儿，等他慢慢冷静下来，再来解决问题；如果是在外面，父母可以走开几步，对孩子的哭闹视而不理，等孩子平静一些后，再带他到一个安静的地方交谈。

对孩子一定要说一不二

对待孩子的任性要求一定要按照事先约定的规矩处理，不能因为孩子哭闹就妥协，也不能因为心情好就对孩子网开一面，又或是因为心情不好而反悔之前的承诺。这样孩子就会明白父母是言出必行的人，也就不会经常想着依靠发脾气、哭闹来使大人妥协。

告诉男孩拒绝的理由

当孩子提出不合理的要求时，有些父母会编一些谎话骗孩子，甚至说一些吓唬孩子的话，其实完全不必这样，父母应该把真正的理由告诉他，虽然有时孩子不一定听得懂解释，但至少能让他明白父母拒绝他是有理由的，这样他接受起来就会容易得多，情绪也能更快平复下来。

能管住自己的男孩才有好未来

一个人有了足够的自控力，意味着可以控制并支配自己的行为，使之服从于走向成功的目标。那么，达到目标就只是时间问题了。

自控力对孩子的成长十分重要。高尔基在《我的大学》中曾写道："哪怕对自己的一点小小克制，也会使人变得强而有力。"那些有自控力的孩子，往往拥有更强的适应能力、更高的心理健康水平和更强的进取精神，有了这些，无疑会大大增加其未来成功的希望；而自控力不强的孩子则通常任性、冲动，很难承受挫折与压力。

身为父母，对于孩子的自控力不应消极等待它自然形成，而应该从小积极培养：

★ 男孩有时会有很强的攻击性，因为他不知道要怎样更好地表达自己的情感，所以选择了直接的方式。父母要帮助男孩学会管理自己的情绪，以增强自控力。

★ 父母不要纵容男孩散漫的坏习惯，要让他学会自我管理，增强自我约束的能力。

★ 通过关心孩子的精神需求、纠正爱攀比的毛病、延迟满足，帮助孩子提升抵御诱惑的能力，从而更好地克制自己的欲望。

★ 适当的"他律"可以促进孩子的"自律"，父母不妨给孩子立立规矩。

★ 讲故事、做游戏比直接、生硬的说教更能启发孩子进行自我约束。

★ 通过饮食、睡眠和运动增加孩子的生理能量，让孩子的生理能量始终处于自控力的安全线之上。

亲爱的爸爸妈妈们：初为人父人母，你们一定对孩子的教育有很多困惑和问题。本书针对男孩的特点和个性做出解答，帮助父母成为合格的家庭教育者，培养出优秀、有个性的孩子。

微信扫描下方二维码，还可以获得更多主编精心准备的线上养育方法。

1. 科学育儿，父母必上的64堂课！微信扫码即可获取。

2. 温和而坚定，让孩子受益一生的教养方式！微信扫码即可获取。

3. 微信扫码加入阳光男孩养成圈，分享育儿心得，学习育儿经验！

4. 育儿难题求解答？专家为你支妙招！微信扫码即可获取。

5. 线上记录孩子成长瞬间，时刻分享孩子进步喜悦！微信扫码加入我们吧！

6. 微信扫码，可获取知名营养师打造的育儿营养膳食食谱！快来为您的孩子准备营养美餐吧！

培养男孩成为坚强的人

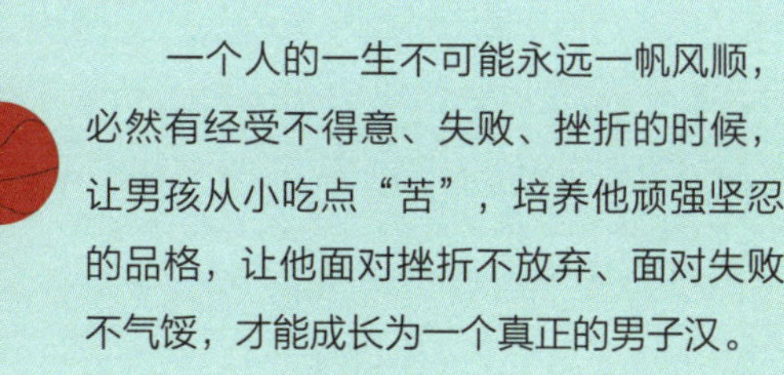

一个人的一生不可能永远一帆风顺，必然有经受不得意、失败、挫折的时候，让男孩从小吃点“苦”，培养他顽强坚忍的品格，让他面对挫折不放弃、面对失败不气馁，才能成长为一个真正的男子汉。

培养坚强男孩的 7 个着手点

孩子的性格不是从天上掉下来的，是父母有意识地培养出来的。要想培养出坚强的男孩性格，可以从以下 7 个着手点入手，让孩子成为男子汉。

让男孩明白挫折是生活的一部分

法国大文豪巴尔扎克说："挫折和不幸，是天才的晋身之阶，信徒的洗礼之水，能人的无价之宝，弱者的无底深渊。"这句话充分地说明了，人的一生从来不会一帆风顺，经历的挫折往往会比平坦之路更多。要想培养坚强的男孩子，首先，家长应当让孩子明白，挫折是生活必不可少的一部分。

父母要树立挫折教育意识

许多父母都认为，幼小的孩子心理承受能力差，挫折会让他感到痛苦和紧张，不应该让孩子遭受太多的挫折。而事实证明，这种观念是极其错误的。一个人受点挫折，尤其是成长早期受一些挫折，很有好处。

- 孩子从小知道什么叫"失败"，长大之后才能正确地看待失败；
- 孩子从小在困难中摸爬滚打，长大之后，他才不会惧怕困难；
- 孩子从小便与挫折"较量"，不管结果如何，这种"较量"都会让孩子的思维更活跃、应变更灵活、行动更敏捷……

因此，家长应树立挫折教育意识，正确看待挫折教育的价值，把它看成是磨炼孩子的意志、提高其适应能力的好方法，并在育儿过程中实践。

让男孩认识并感受挫折

刘女士对儿子的教育投资从来都不吝啬，各种玩具、零食，只要儿子喜欢，她都会满足他。不过，有一次，刘女士却故意没有满足儿子。

这天，刘女士带着6岁的儿子去逛超市，儿子看中了一个飞机玩具，想要妈妈给他掏腰包。可是，刘女士却拒绝了他，并对他说："儿子，上次你过生日的时候，爸爸不是送过一个飞机玩具给你吗？这次不能再买了。"儿子很伤心，哭了起来。后来，回到家中，妈妈严肃地教育他说："孩子，人生中不是所有的愿望都能被满足的，挫折也是生活的一部分。"

以上这个案例中，刘女士的做法很好。其实，人生在世，不如意之事十有八九，让孩子亲自认识并感受挫折，将来才能不惧挫折，长成一个真正的男子汉。

把积极的态度传递给男孩

未经锻炼的翅膀，难以搏击人生的风雨；未经磨炼的男孩，难以在未来的竞争中取胜。身为教育男孩长大成人的父母，应当以身作则，把积极的态度传递给孩子，让他知道，在成长的道路上，成功往往是与失败并存的。而在当今社会，"物竞天择，适者生存""优胜劣汰"是普遍的生存法则，面对挫折，应当勇敢和坚强，不怕失败，以培养他坚韧不拔的意志和毅力。

培养男孩笑对挫折的阳光心态

当孩子明白了挫折是生活的一部分以后，更重要的是教给他正确面对和处理挫折的方法。要处理问题，首先应当有一个好的心态。

乐观心态很重要

乐观的心态是孩子健康成长的催化剂，也是成功道路上必不可少的一环。在养育孩子的过程中，家长应当有意识地培养孩子的好心态。

小刚放暑假了，妈妈要带他一起去北京。他们的家在遥远的哈尔滨，此次的旅程有点儿长，要坐很长时间的火车，还要转汽车、地铁等。其实，妈妈本来是可以选择直接带小刚坐飞机的，但是，由于小刚从来没有坐过火车，妈妈决定带他体验一下。

刚开始，妈妈有点儿担心，怕小刚厌烦这样的“旅行”。事实上，儿子的表现大大超出了妈妈的预料，他全程并没有表现出烦躁不安，反而很享受这次旅行：看书、和小朋友玩、看风景……有忙不完的事情。下火车以后，他还拉着妈妈的手问：“妈妈，我们什么时候再坐火车？”妈妈觉得小刚是一个阳光、乐观的好孩子。

在这个案例中，面对枯燥漫长的旅途，小刚并没有厌烦，而是积极乐观地面对，可见，他是一个阳光男孩。

人生就像是一场旅行，有的人觉得枯燥无味，以悲观待之，所以生活得并不快乐，人生也毫无幸福感可言；有的人则能以积极乐观的心态面对，于是生活中充满了欢乐，洒满了阳光。每一个家长都希望自己的孩子能够收获幸福的人生，那么就应该从小培养孩子积极乐观的心态，这样孩子才能更好地应对生活中的各种挫折，迎接生活中的挑战。

让男孩笑对挫折

古希腊哲学家苏格拉底曾说："除了阳光、空气、水分和微笑，我们还需要什么呢？"在这位大哲学家的眼中，微笑和阳光、空气、水分一样重要。对于孩子来说，微笑同样是很重要的。一个脸上常常挂着微笑的孩子，必定是自信乐观、积极进取的，长大以后也会用微笑的态度去面对生活中各种各样的挫折。

作为家长，要让孩子学会微笑，把微笑当作一种习惯，这对培养孩子的情商，健全孩子的人格有着极为重要的意义。

以身作则，笑对生活

父母是孩子的第一任老师，如果能以身作则，笑对生活，就能潜移默化地影响孩子。当一些事情无法改变的时候，家长应给孩子传递一种积极的心态，例如下雨时，可以告诉孩子："下雨天真好，可以好好休息一下。"这样就会让孩子认为下雨天也不是那么糟糕的。

所以，生活中无论遇到什么事，都应尽量保持乐观的心态，给孩子树立榜样。

自信让男孩面对挫折更有勇气

自信心在男孩的成长过程中起着相当重要的作用，它是孩子独立自主的重要条件，也是让孩子勇敢面对和战胜挫折必不可少的。

赞赏男孩的每一点进步

成年人的评价对孩子自信心的产生至关重要。幼儿时期，成人对孩子信任、尊重，经常对他说“你真棒”“你真厉害”等话语，孩子就会看到自己的长处，肯定自己的进步，认为自己真的很棒；反之，如果孩子经常受到成人的否定、怀疑，经常听到“你真笨”“你不会”“你不行”之类的评价，那么他也会从内心否定自己，久而久之，会对自己的能力产生怀疑，从而产生自卑感。

因此，作为家长，必须时刻注意自己对孩子的评价，并学会赞赏孩子的每一点进步，多为孩子的长处骄傲，不为孩子的短处遗憾。要以正面鼓励为主，善于发现孩子身上的闪光点，不盲目地拿自己的孩子和别人的孩子作比较，而是多拿孩子的现在与过去作比较，让孩子知道自己在成长、在进步，从而产生自信心。

给男孩充分的信任

孩子的自信来源于父母的信任、赞赏和鼓励，每个孩子的自信心都是家长一点一滴培养起来的。作为父母，应当给男孩充分的信任，以赏识的眼光看待他，让孩子扬起自信的风帆，勇于战胜生活中的挫折。

小伟14岁那年便考进了中国科技大学少年班，这看似是命运的安排，其实是因为他生活在父母的信任中，久而久之，便养成了自信的习惯。

小伟从开始上学的时候，父母就很少过问他的学习问题，他们只是给孩子树立榜样，放手让孩子去做，并相信他能做好。这样的家庭教育，无形中给小伟提供了一个要靠自己奋斗的环境，使得他在学习上、生活中，比同龄的孩子更加独立和成熟，面对挫折自然也会处理得更好。

这个案例中，小伟的父母做得很好，正是他们给了孩子足够的信任，才能让孩子取得成功。

经常让男孩体验成功

李中莹老师曾说过："一个人是否有足够的自信、自爱与自尊，决定着他的人生会有多少成功和快乐、满足和幸福。"反过来，一个人如果经常能体验成功，也能让他从中获取充足的自信。

因此，培养男孩的自信心，还有一个有效的方法，那就是让他在不断的成功中，体验被人认可的滋味，毕竟，一个有过多次失败经历的男孩是很难建立起足够的自信的。父母可以根据男孩的性格特点、能力，提出适当的要求，使他通过努力完成任务，体验成功的快乐，进而逐渐建立起自信。

给男孩设置一些“挫折”

有研究表明，长期在顺境中成长的男孩，自我评价相对较高，容易在受挫后因为自尊体系受到冲击而产生两种极端反应：一是可能会从高度自信的状态进入自我否定的状态，把失败的原因归结在自己身上，称为“内归因”，在情绪上可能表现出焦虑、抑郁、悲伤、委屈等；另一种是无法接受他人的指责，会产生不满、愤怒、怨恨的情绪，甚至会攻击老师、家长或同学。

因此，家长在日常生活中，可以适当给孩子设置一些挫折，把挫折教育渗透到一点一滴，提高孩子承受挫折的能力。

设定一些任务

当今社会很多父母都秉承传统的、封闭的教育模式，其实这样做并不好。将“封闭式”转换为“开放式”，变“顺从型”为“开拓型”，让孩子在自由、宽松的环境中锻炼自己的独立性，才是可取的教育方法。

平时生活中，家长可以根据男孩的年龄和能力，给他设定一些适当的任务，比如让他自己吃饭、刷牙、叠被子等，鼓励男孩通过自己的努力去完成，让孩子从小明白自己能做的事情自己做，自己的人生自己主宰。

创设困难情景

没有困难，可以制造困难。在男孩的生活和学习过程中，家长可以随时随地地利用现实情景“制造”一些难题，然后让男孩开动脑筋，根据自己的生活经验去克服这些人为的困难。

- 给孩子报一些“夏令营”“磨难营”。
- 让孩子参加学校及其他机构组织的探险、下乡活动，体验不同的生活。
- 鼓励孩子参加各种社会实践，如利用节假日打工赚钱等。

设置“挫折”的注意事项

给孩子设置“挫折”时，并非随心所欲而行。家长应当注意以下几个方面的事项：

- 充分考虑到孩子的年龄和实际情况。对于年龄越小的孩子，设置的障碍应该越少，障碍发生的频率越低。对于平时受挫较多的孩子，设置的障碍应相对较少，甚至可以不设置障碍。

- 障碍的设置应具有一定的渐进性，由小到大，由少到多，切不可一开始就给孩子一个下马威。
- 当孩子凭借自己的努力战胜挫折、排除障碍时，父母应及时给予表扬和鼓励，强化孩子积极的行为，增强他的自信心和战胜困难的勇气。

提高男孩受挫之后的恢复能力

现在很多男孩都是家里的独生子，从小被爸爸妈妈以及家里的长辈宠着，当遇到一些事情时，往往会因为缺乏抗挫折的能力而经受不住打击，甚至做出一些极端的举动。

强强的学习成绩一直都很好，次次都是班级里的第一、第二名，爸爸妈妈也经常夸奖他，以他为荣。有一次，强强因为没有充分复习，考砸了，只考到了班级的第三名。考试成绩出来以后，他非常难过。晚上回到家里以后，又受到了爸爸妈妈的批评，强强越想越伤心，最后，竟然离家出走了……

案例中的强强之所以会离家出走，主要是因为心理素质太差了，所以很容易被困难和挫折打倒，就像生活在温室里的花朵一样，一旦被搬出室外，面对外面的风吹雨淋，就会受伤。

要想让男孩将来有一番作为，家长必须要让他经受挫折和磨难，并增强其抗挫折的能力。

引导男孩读一些伟人传记

古今中外，很多伟人都留下了自己的传记，无论翻开哪一本，其主人公遭受的困难和挫折都非我们平常生活中经历的那些小事能比。父母可以引导孩子读一些伟人传记，让孩子在阅读的过程中认识到人生就是不断战胜苦难和挫折的过程，不经历风雨，怎么见彩虹？只有勇于面对磨难和挫折，才能走向成功。

伟人传记举例：

- 《拿破仑传》
- 《贝多芬传》
- 《卡夫卡传》
- 《苏东坡传》
- 《卓别林自传》
- 《巴尔扎克传》
- 《富兰克林传》
- 《罗曼·罗兰传》

……

让男孩学会自我激励

美国哈佛大学曾经做过一项调查发现，一个人如果没有受到激励，只能发挥出20%～30%的能力，而如果受到激励，自身潜能则会得到最大程度的激发，可高达80%～90%。这样看来，一个人在受到激励后，其能力可以提高3～4倍。

对于孩子来说，如果能学会自我激励，就能拥有良好的心态去面对成长道路上的困难和挫折。此外，还能树立自信，不断发掘自身的潜能，成就无限可能。那么，具体应如何让孩子学会自我激励呢？

- 教孩子用一些正面的话语激励自己，例如，告诉自己，“我没问题的！”“我一定能成功！”“我相信自己！”“我会做得更好！”
- 让孩子记录自己进步的点滴，看到自己的进步空间和潜力，为自己喝彩，从而产生不断向前的动力。

引导男孩合理释放

发现男孩受挫后，家长要采用恰当的方式引导他释放自己的情绪，宣泄受挫之后的苦闷心情，不要让孩子把苦闷都积压在心里。

- 和男孩聊聊天，缓解他的心理压力。
- 提醒男孩向老师、同学、朋友或其他亲人倾吐内心的压抑之情，取得他们的理解和帮助。
- 鼓励男孩用写日记的形式把心中的不快宣泄出来，从而理清思路，稳定情绪。
- 引导男孩转移注意力，比如一起出去散步、游玩，消解他的紧张心理。

鼓励逆境中的男孩

霍金小时候因病成了残疾，但是他从来不把自己当残疾人来看，力图像普通人一样生活，完成自己所能做的任何事情。

在一次新闻发布会上，一位女记者提出一个刁钻的问题，但霍金还是以恬静的微笑这样回答："我的手指还能活动，我的大脑还能思维；我有终身追求的理想，我有爱和爱我的亲人朋友；对了，我还有一颗感恩的心……"霍金不仅以他的成就征服了科学界，也以他顽强搏斗的精神征服了世界。励志照亮人生，成功改变命运！

当男孩处于逆境中时，他往往会产生消极反应，表现出垂头丧气，甚至会采取退避的方式回应逆境。此时，家长需要做的，就是帮助男孩树立信心，鼓励他走出逆境，可以给男孩讲讲案例中霍金的故事。

让男孩养成从失败中汲取教训的习惯

俗话说，失败是成功之母。要培养坚强的男孩子，家长还应让他有意识地养成从失败中汲取教训的好习惯。

小强一直以来都是一个运动健将，每次比赛，成绩都名列前茅，也从来不需要爸妈为之担忧。这天，爸爸回到家，发现小强闷闷不乐地坐在自己的房间里。于是，便走过去问他："怎么了？什么事让我家小强这么不开心呀？"小强看了一眼爸爸，脸"刷"地一下就红了，低下头去，不说话。

后来，在爸爸的耐心询问下，他终于说出了原因。原来，这次比赛，小强擅长的100米短跑没有拿到第一名，这让他心里面非常难受，觉得对不起爸爸妈妈。爸爸听完以后，耐心地开导他："没有谁会永远得第一名，这次没有跑好，对你来说也许是一件好事，你要学会分析自己没考好的原因，并向跑得比你快的同学学习经验，这样才能不断地提高自己。爸爸相信，你一定可以做得更好的！"在爸爸的一番鼓励和帮助下，小强认真分析了原因，找到了自己的薄弱环节，并进行了强化训练，结果，小强的短跑成绩有了很大的提高。

其实，失败并不可怕，真正可怕的，是在失败之后，变得自卑、麻木。当男孩遭遇挫折或失败时，家长应鼓励男孩，并引导他分析失败的原因，从失败中总结经验和教训，以便男孩以后更好地应对。

检查动机是否正确

动机是推动人从事某种活动，并朝一个方向前进的内部动力，是为实现一定目的而行动的原因。不同性质的动机，对人具有不同的意义，能在不同程度上推动人前进。人们行动的方式、行动的坚持性和行动效果，在很大程度上受动机性质的制约。错误的动机往往达不到应有的激励作用，分析和确定这点对男孩来说很重要。

判断目标是否恰当

当男孩失败时，家长应该帮助其判断目标是否恰当。在判断时，要结合男孩的智力、体力、年龄等实际情况全面分析，如果发现目标过高，应进行适当调整。

审视方法是否得当

只有使用正确的方法，才能起到事半功倍的效果。如果通过分析和评估，发现孩子的目标是合理的、可以达到的，那么就要检查男孩采取的达到目标的途径和方法是否得当了。如果方法不对，就要适时改变，这样才能走向成功。

鼓励男孩勇于向未知的事物挑战

孩子的成长需要一片广阔的空间，而在现实生活中，有很多家长会因为害怕孩子受伤而过度保护孩子，其实，这样做并不好，真正聪明的家长，在养育孩子尤其是男孩子时，更应鼓励他勇于向未知的事物挑战。

鼓励孩子不怕失败、勇敢面对

教育学家也告诉我们，不能因为危险，家长就禁止孩子去做，这样会使孩子渐渐形成胆小懦弱的性格，而通过冒险取得成功，会使孩子对自己的能力产生自信，就算失败，孩子也能从中学会如何应对挫折。

事实上，过度保护孩子，也可以看成是一种自私的行为。在西方幼儿教育中，很注重让孩子们在各种冒险活动中体验成功的滋味，锻炼勇气和信心。

一次，妈妈带着10岁的超超去泰国旅游，有一个骑大象的项目。旅行团的负责人表示，只要孩子敢于一个人骑大象，就可以免费带他们游览皇室花园，超超听了十分兴奋，一点儿也不害怕，可是妈妈却很担心，怕孩子一个人会受伤，不敢让超超尝试。这时，导游对妈妈说："要放手让男孩去尝试，这样他的翅膀才能硬起来，抵抗风雨。"后来，妈妈终于同意了。

在这个案例中，超超的妈妈最终听从了导游的劝说，决定放手，让超超一个人骑大象，培养了他积极进取、不畏艰险的精神，这是非常值得提倡的教育方法。

胆子小的孩子更需要引导

不过，也不是所有的孩子都会这么勇敢，有的孩子天生胆子小，这时候，父母就有必要跟孩子谈谈他们所回避的情境，鼓励孩子去冒险，因为在这些情境中的冒险体验有助于他们勇气的培养，这类情境如下：

- 孩子在课堂上不愿意举手回答问题。
- 孩子在体育课上不尝试做动作。
- 孩子在全班同学面前不敢表达自己的观点和看法。

还有的孩子可能因为对事物缺乏了解，所以会产生恐惧心理，比如害怕色彩鲜艳的东西。这时候父母应该先教孩子相关的知识，加深孩子对这些事物的认知，让孩子明白这些东西并不可怕，然后再慢慢地去和这些东西接触。久而久之，孩子就会变得比之前勇敢了。

POINT

虽然家长要鼓励孩子冒险，但这也不是盲目进行的。在冒险之前，家长必须教会孩子养成事先思考的好习惯，只有先做好各种考虑，才能在冒险的过程中让孩子获益。我们应当在保护好孩子安全的前提下，鼓励孩子去探索、尝试，从而让其获得生活的体验。

培养坚强男孩应注意的问题

在培养坚强男孩的过程中，很多父母都没有什么育儿经验，育儿也是育己，因此，了解一些需要注意的问题，对于父母和孩子来说都是很有必要的。

不要急着向男孩伸出援助之手

一位男孩的妈妈是一名优秀的人民教师，谈起如何对待孩子的失败，她说：“我的儿子也有失败的时候，很多时候我会鼓励他，但是更多的时候，我会‘袖手旁观’。因为只有让他经受点挫折，让他自己从失败中走出来，他才会真正具备克服困难的韧性和耐力。”

而事实也正是如此：

这个小男孩在一次考试中退步了很多，他很沮丧。这时候，他的妈妈走过来，对他说：“失败是成功之母，你要知道自己为什么失败，才能在下一次考试中取得成功。现在，自己来分析下你的退步原因吧，要记住，跌倒不可怕，可怕的是倒了以后再也爬不起来。”

这个小男孩在这次“挫折教育”中受益匪浅，他在日记中这样写道：这次考试失败让我看到了自己的缺点，以后我一定会正视自己的这些缺点，并努力做到更好。这次失败也让我成长了很多……

对孩子来讲，没有永远的失败，偶尔失败也并非坏事，只有在失败后再站起来的人才是真正的强者。因此，父母要想真正地培养男孩坚强的品质，在他失败后，不要急于伸出援助之手，让他经受抗挫能力的锻炼吧！

不要让你的男孩“输不起”

从儿童心理学的角度来看，孩子“输不起”是一种正常现象，因为他们的年龄尚小，心智不成熟，并不了解自己的强项和弱项，一旦自己技不如人、失败，就会表现出不满的情绪。作为父母，要及时给予纠正，因为经常“输不起”的男孩很可能在经历几次挫折后一蹶不振。

松松很有游泳天赋，也得过很多奖项，这次，他代表学校参加一个全国性的游泳比赛，松松既兴奋又紧张。比赛地点在首都北京。爸爸特别提前了两天出发，陪他去参加比赛，坐了两个小时的飞机。这是松松第一次坐飞机，第一次去北京，一路上，他特别开心。到了北京以后，他们先游览故宫、爬长城，然后参加了比赛。

比赛结束后，松松只得到了一个三等奖，他很失落，这时候，爸爸便开始安慰他：

爸爸：“儿子，北京好玩吗？这次玩得开心吗”

松松：“好玩，当然开心了！”

爸爸：“那你比赛游泳的时候开心吗？”

松松：“虽然紧张，但也很开心，因为是做我喜欢的事情。”

爸爸：“那就够了，其实，是否得奖并没那么重要。”

案例中的爸爸把儿子关注的重点转移到了他喜欢做的事情——游泳上来，让儿子不再执着于获奖。这样孩子就不会觉得自己“输不起”了。

男孩的软弱来自父母的过度保护

大多数男孩都有一定的冒险精神，喜欢做一些在大人看来很“危险”的事情。比如，喜欢爬高，喜欢碰一些自己不了解的东西，这时候有的父母就会焦虑，甚至对孩子的这些行为大加训斥，久而久之，孩子就再也不敢去冒险了。可见，有时候父母过度保护，对孩子并不好。

一个三年级男孩的妈妈满面愁容，一脸忧伤地向我们诉说起自己儿子的事情：

她的儿子今年8岁，读小学三年级，名字叫亮亮。亮亮从小就没有朋友，整天只能在家里跟爸爸妈妈、爷爷奶奶玩，他非常羡慕那些一起玩的小伙伴，也想加入他们，但一次也没成功，玩了不一会儿，小伙伴就不跟他玩了，每次亮亮都哭着回家，说小伙伴们都欺负他，不和他玩。

原来，亮亮的父母和爷爷奶奶住在一起，亮亮从小由爷爷奶奶带大，他是家族几代单传的独苗，被全家人像掌上明珠一样小心呵护着，过度的保护使得亮亮无法和人平等地相处。

这个家庭中，长辈的过度保护牺牲了让孩子锻炼的机会，长此以往，势必会造成孩子软弱、缺乏勇气，甚至无法正常交友。

不当的恐吓会让男孩畏缩不前

在日常生活中，经常会发现，有一些家长在教育男孩时，常常会给他的头脑灌输一些恐吓故事，比如，男孩闹的时候，家长就会说“狼来了”“老虎来了”“鬼来了”……这时候，胆子小的男孩立即就会被镇住，看似简单有效，其实对男孩的身心伤害非常大。

家长应该知道，恐惧是人的天性，即使没有受到家长的恐吓，孩子也会怕黑、怕凶猛的动物，以及鬼怪等。而孩子本身是十分信任父母的，如果家长还用这些来恐吓孩子，可能会使孩子精神错乱，变得胆小怕事、畏缩不前……

心理专家称，胆怯心理大多数都是后天形成的，造成男孩胆小的源头在于家庭环境，以及父母不恰当的教育方式，而胆小懦弱的性格会成为人性中勇敢品质的“腐蚀剂”，时时刻刻威胁着男孩的心灵，正如法国著名的文学家蒙田所说：“谁害怕受苦，谁就已经因为害怕而在受苦了。”

因此，家长应引起警惕和足够的重视，不要再用不当的恐吓教育孩子，以免适得其反。

学会坚强才能成为真正的男子汉

有一首歌这样唱："不经历风雨，怎么见彩虹，没有人能够随随便便成功……"对于男孩子来说，能够勇于面对挫折与失败，才能成长为真正的男子汉。

其实，挫折和成功对于孩子来说是同等重要的，只有经历过挫折和失败，才能从中汲取经验和教训，最终走上成功的人生之路。

★ 要让孩子勇于对抗挫折，首先第一步应当让孩子明白挫折是生活中必不可少的一部分，接受它，与此同时，家长也要树立挫折教育意识。

★ 面对挫折，一定要有一个阳光、乐观的心态，心态是决定人的行为和是否能够成功的关键。因此，家长应当有意识地培养男孩笑对挫折的积极心态。

★ 自信的男孩运气不会太差。其实，挫折并没有那么可怕，有自信的男孩在面对挫折时，会更有勇气。

★ 适当地给自家的男孩设置一些"挫折"吧，让孩子在实践的过程中体会挫折带来的感受，这样才能更加从容地应对以后人生道路上的一些障碍。

★ 经历过挫折后，家长有必要帮助男孩提高受挫之后的恢复能力，因为有些男孩很可能会一蹶不振。当然，这也是因人而异的，家长应具体情况具体分析。

★ 失败不可怕，可怕的是不懂得从中吸取教训。家长应让男孩养成从失败中学习的习惯，这对男孩的成长十分重要。

亲爱的爸爸妈妈们：初为人父人母，你们一定对孩子的教育有很多困惑和问题。本书针对男孩的特点和个性做出解答，帮助父母成为合格的家庭教育者，培养出优秀、有个性的孩子。

微信扫描下方二维码，还可以获得更多主编精心准备的线上养育方法。

1. 科学育儿，父母必上的 64 堂课！微信扫码即可获取。

2. 温和而坚定，让孩子受益一生的教养方式！微信扫码即可获取。

3. 微信扫码加入阳光男孩养成圈，分享育儿心得，学习育儿经验！

4. 育儿难题求解答？专家为你支妙招！微信扫码即可获取。

5. 线上记录孩子成长瞬间，时刻分享孩子进步喜悦！微信扫码加入我们吧！

6. 微信扫码，可获取知名营养师打造的育儿营养膳食食谱！

快来为您的孩子准备营养美餐吧！

自立是男孩独闯世界的法宝

现代社会竞争日趋激烈，每个人必须具备久经锻炼的独立品质，而且动手能力也要强，才可能在社会上站稳脚跟，这样的能力需要从小培养。父母要重视培养男孩的自立能力，这将是他一生宝贵的财富。

培养自立男孩的7个着手点

随着育儿观念的普及和父母对孩子成长的重视，很多家长开始加强对孩子自立能力的培养。如果没有科学的育儿方法做指导，不仅会让父母顾此失彼，甚至会对孩子的成长带来伤害。

责任感孕育自立意识

相较于女孩，男孩要更敢于承担。现如今，父母的过度娇惯和保护，使得很多男孩变得越来越缺乏责任感，自立意识也越来越差。其实，责任感也是应该从小培养的。

培养男孩的责任心

父母爱孩子，就要潜移默化地影响男孩，努力把他培养成为一个负责任的男子汉。当孩子的责任心开始萌芽时，如要求自己吃饭、穿鞋时，父母应积极引导，而不能代劳。孩子稍大时，要从生活中的小事着手，如让孩子自己整理书包，饭后收拾碗筷等。等到孩子慢慢做习惯了，责任心也就培养起来了。

让孩子学会对自己负责

培养孩子责任感的同时还要让他学会为自己的行为负责，尤其是对自己犯下的错误负责，例如把别人的东西弄坏了，父母要教导他勇于承担错误。只有把握好细节，才能培养出孩子的责任心，使他对自己负责，对他人负责。

给孩子展示爱的机会

责任感源于爱，爱会让人生出关切、责任和力量。只是孩子对父母的爱仍处于潜意识层面，自己并未察觉。这时候，如果给他一个契机让他为爱的人做些什么，那种因为有爱所以能帮助自己所爱的人带来的成就感，是激励他的好动力。所以父母不要剥夺孩子展示爱的机会，要学会在适当的时候放手，这对培养他的责任感很有帮助。

家长要尊重孩子

父母要给予孩子作为“家庭重要成员”应有的尊重，告诉他家庭面对的境况后，将他放对了“位置”，他的责任感会油然而生，而不需要家长刻意强调责任感，更不用反复告诉他“你应该做什么”。

多些正面鼓励

父母如果看到孩子负责任地做一些事，记得给予孩子恰如其分的鼓励。这种鼓励并不是一句简单的“你真棒！”因为它的指向不明，如果重复得多了，对孩子而言就缺少了最初的成就感和荣誉感。正确的鼓励话语，应该是先谢谢孩子的付出，然后肯定孩子的工作完成得很好，再告诉他因为有了他的付出，会有怎样美好的结果。这样一番话下来，孩子会受到莫大的鼓舞，以后凡是遇到他力所能及的事情，他也会主动要求帮忙。

父母要给予男孩信任和尊重

有研究发现，绝大多数自立的孩子，他们也是自信的，被尊重的。孩子的性格与品质来源于父母的教育和引导，如果想要孩子自立，父母就要收起自己过多的担心和害怕，给予他足够的信任和尊重。

尊重孩子，理解孩子，让他自己做主

中国独生子女家庭教育的特点就是大人喜欢替孩子做主，习惯把自己的想法强加到孩子身上，要求孩子沿着父母设计好的成长轨道一步一步地前进。有时，父母确实需要对孩子的行为进行限制，如一些危险动作，但是在确保安全的原则下，还是需要父母适当放手让孩子自己来做主，即使他的做法可能在大人看来稀奇古怪，不可思议。通过孩子亲自执行决定的过程，让孩子在实践中学习和成长。

信任孩子，鼓励孩子，让孩子充满信心

对于孩子而言，没有什么比父母的信任更可贵，而鼓励是培养孩子独立自信的开端。父母应充分信任孩子，鼓励孩子，使他充满信心。例如，当孩子尝试做某件有益的事情时，父母不要断然否定孩子的想法，而是给予指导和帮助，让孩子处在一个不断受到激励的氛围中，他就会感到自信、从容不迫，发挥出自己的最高水平。如果家长随意责备孩子，那么他的情绪和心理都会产生负面影响。

男孩的故事

一天妈妈领着飞飞去商场，走到一家儿童服装店，飞飞被里面各式各样的衣服、鞋子所吸引，于是就跟妈妈走了进去。一会儿看看裤子，一会儿逛逛鞋子，琳琅的衣物都有点让飞飞看不过来。妈妈问飞飞喜欢哪一件，他一会儿说要格子衬衣，一会儿又想要运动鞋，售货员有些不耐烦，就对飞飞妈说："姐，你就帮孩子做决定吧……"妈妈却笑着说："如果连自己喜欢的衣服都选不好，长大以后怎么成为男子汉呢？"飞飞听到妈妈的话后，就果断选择了格子衬衣，妈妈也尊重飞飞的选择，之后母子俩就高兴地回家去了。

POINT

当父母与孩子的意见不一致时，父母要多听取孩子的想法，不要盲目扼杀他的不同意见。如果孩子的选择经常被否定，会让他觉得父母不够尊重自己，打击他做决策的积极性，自立能力的培养更无从谈起。

让男孩学会独立解决问题

对于孩子的各种问题，很多父母习惯扮演“总管”的角色，帮他解决所有问题：和小伙伴吵架了，我们去解决；孩子犯错了，我们去承担……看似在保护孩子，其实是害了他。

父母所代劳的各种事情，会在无形之中剥夺孩子自我探索、自我学习的权利，还会让孩子对父母产生依赖，丧失独立解决问题的机会和能力，甚至会因此变得懦弱、自卑。父母要知道，成长是孩子自己的事，谁都代替不了，与其代劳不如培养孩子自立的能力，学会放手，让孩子独立解决问题。

当然，孩子的能力是一天天培养的，需要一个过程，在这个过程中，父母也要给予孩子适当的帮助，例如孩子因为题目不会做而寻求帮助时，妈妈不要急于告诉他答案，而是要教给他解题思路，让他自己算出答案。此外，一个鼓励的眼神，一个温暖的拥抱都会让孩子感受到莫大的勇气和力量，所以，在孩子寻求帮助的时候，父母不要吝惜自己的鼓励。

POINT

有些男孩在遇到问题时喜欢用“武力”解决，父母要给孩子灌输一种意识，就是“武力”不能解决任何问题，只有静下心来寻求解决问题的办法，才能真正解决问题。

男孩的故事

涛涛是一个很喜欢“搬救兵”的孩子，不管是在幼儿园，还是在家里都是如此。一天涛涛和几个小朋友在小区里玩，妈妈在和邻居们聊天，忽然涛涛哭着跑过来跟妈妈说：“妈妈，小壮推我，还硬强我的玩具。”原来涛涛是来找妈妈当“救兵”的。不过，这次妈妈并没有再当“救兵”，而是跟涛涛和小壮说：“如果你想分享别人的玩具要经过对方的同意，而且朋友之间要相互分享。”说完，妈妈转身走到一边，躲在一旁偷偷观察，只见小壮轻轻地说了一句“对不起”，并把玩具还给了涛涛，涛涛接过玩具说了句“没关系”，两个人又开心地玩到一起去了。

POINT

涛涛妈妈的做法值得广大家长参考，在很多时候，孩子之间的矛盾是对事不对人的，两个小朋友前一分钟还吵闹，一会儿可能就和好了。所以当孩子和小伙伴之间发生矛盾时，父母应该冷静地观察，并鼓励孩子发挥自己的能力，独立去解决问题。

让男孩学会打理自己的生活

每个孩子都被父母视若珍宝，尤其是一些独生子女家庭，有些父母的做法可谓是“捧在手里怕碎了，含在嘴里怕化了”。可正是父母的这些做法，让孩子习惯于衣来伸手、饭来张口，根本不会打理自己的生活。

涵涵已经是小学三年级的学生了，按道理来说一些基本的生活技能都应该具备，也应该能完成一些力所能及的事情。但实际生活中他却跟一年级的小朋友一样，什么事情都要妈妈帮自己完成，吃饭、穿衣、收拾书包，从来都不自己做。

这几天妈妈因为要照顾生病的姥姥，要经常去医院，所以没时间照顾涵涵，涵涵的日常生活就变得一团糟，袜子穿得不是一双，校服也脏的不成样子，就连作业本、课本也是茶几、餐桌上都有……

妈妈回到家看见这样的涵涵，真是又气又急，觉得自己平时太娇惯涵涵才会让他变成这个样子。

涵涵之所以会这样，与妈妈的溺爱有关。其实，有很多和涵涵妈妈一样的父母，对孩子很宠爱，再加上潜意识里认为男孩子不如女孩子心灵手巧，不会打理生活也正常；或者有的妈妈做事雷厉风行，看不惯孩子慢悠悠地做事；还有些妈妈认为，反正孩子都做不好，还

不如我自己来……导致出现事事包办的情况。

父母对孩子的照顾是必须的，但不可能时时刻刻都陪在孩子身旁，孩子在一天天长大，终究要自己生活，如果小时候不让孩子学着打理自己的生活，锻炼他的独立性，那么孩子将来的生活肯定会一团糟。究竟怎样才能让孩子学会打理自己的生活呢？

家长放手让孩子打理

要想让孩子学会打理自己的生活，父母首先要做的就是学会放手，给孩子打理自己生活的机会。古人云：“一屋不扫，何以扫天下。”让孩子打理自己的生活也是如此，可以从一些日常小事、力所能及的事情做起，例如叠被子、收拾衣服、整理书包等，既可以锻炼孩子的动手能力，又能培养他做事的条理性。

少些斥责多些鼓励

孩子在起初学习打理生活的时候，因为不熟练而表现出笨手笨脚、慢条斯理的现象是很正常的，父母不要看到孩子做不好就发脾气，一边高声斥责，一边把所有事情都自己做完。这样做既伤害了孩子的自尊，让孩子认为自己什么都做不好而不再愿意自己动手去做，又会剥夺孩子学习、练习的机会。所以，在孩子做一些力所能及的事的时候，父母要少一些斥责，多一些鼓励 ，这样

能增强孩子做事的自信心，让孩子逐渐走向独立。

给男孩选择，并让他自己做决定

出于种种原因，父母总是在有意无意地替孩子做决定，比如给孩子买衣服、报兴趣班等，却很少征询孩子的意见。父母当然都是为自己的孩子好，但他们的这种做法却往往得不到孩子的认同和理解。倔强的男孩会和父母对着干，父母让他向东走，他偏要向西走；相对软弱的男孩会服从父母的决定，但心里会积累抵触情绪。

孩子迟早要独自面对社会，父母必须培养他独立做主的能力。父母可以多给男孩选择的机会，并让他学会自己做出有根据、负责任的决定，这样孩子才会更加独立，成为自己人生的主宰者。当然，在这个过程中，父母也应注意以下方面：

多给些选择的机会

父母应多给孩子创造选择的机会，帮助孩子培养自主选择的意识。比如，买衣服时让孩子挑选自己喜欢的颜色，周末出游让孩子选择游玩的地点，睡觉前让男孩选择自己想听的睡前故事等。生活中的许多事情，只要父母留心，都能创造出让孩子选择的机会，并引导他自己做决定。

POINT

父母不要给孩子太多选择，以免孩子提出父母无法满足的要求。可以这样问："你希望买那件红色的外套，还是那件黄色的外套？"尽量避免没有任何限制的开放式选择。

收起“指挥者”的姿态

当孩子面对一些困难的选择一时无法做出决定时，就会寻求父母的帮助。这时父母应该站在孩子的立场，帮助他分析情况，给出恰当的建议，但不要以“指挥者”的姿态命令孩子。

比如孩子想要参加学校的运动会，但一时拿不定主意该报名800米跑步还是沙坑跳远。这时，父母可以从旁帮助分析情况：“这两个项目都很棒，跳远你没有练习过，但你每天都有坚持跑步，也许800米跑对你来说更擅长。”根据父母的分析，孩子就会做出选择，既尊重了孩子的自主权，父母的引导作用也寓于其中，这比直接说“去参加800米的比赛吧”更能锻炼孩子的自主能力。

认同孩子的决定

既然让男孩选择，就要尊重他的决定。在他年纪小的时候，由于知识和经验的局限，在做决定的时候，可能会出现偏差。即使男孩做了糟糕的选择，父母也不要急着批评教导，可以让他对自己的决定负责，与他一起分析其中的经验教训；如果发现孩子所做的决定可能带来危害，父母可以帮助孩子一起分析这种决定的后果，并引导他做出正确的决定，慢慢地提高孩子分析问题的能力，从而让他做出更加慎重和理性的决定。

给男孩帮你做事的机会

父母疼爱孩子是再正常不过的事情，但不要过分宠爱，尤其是男孩子，如果孩子被宠得什么事情都不会，他们并不会开心。

父母表现出来的强大力量，会让孩子失去表现自我的机会，从而认为自己是一个“弱者”。当他长大之后，这种思想也会如影随形，最终会让孩子变得懦弱，但凡遇到一点事情就会崩溃。此外，男孩的天性还会赋予孩子一定的保护欲，尤其是保护妈妈、妹妹等。所以，为了满足孩子小小的成就感，让他们知道自己不是什么都做不了，也为了能更好地激发孩子的男子汉气概，父母可以给孩子一些机会，让他来帮助自己解决一些问题，这会让孩子感觉被需要，是值得被爸爸妈妈所信任和依赖的，还会激发孩子的能力感，让他独立的同时，有能力去照顾身边的人，有勇气去面对困难和承担责任。

在小城的面前，妈妈从来都不是无所不能的强者，反而是一个处处需要人保护的“弱者”。当小城还是小孩的时候，妈妈就经常说一些“妈妈力气小，拿不动了”“妈妈好累，走不动了”的话，小城就会主动帮忙或者照顾妈妈，时间一长，这些男子汉的行为就慢慢成了小城的习惯。

如今小城已经长大了，需要去寄宿学校上学，虽然回家的次数变少了，但只要是他在家的时候，他还是会帮家里人做一些力所能及的活。

男孩很多时候对父母的“威力”只是害怕，但不会从心底服从，但如果“示弱”，他便会真心实意地听你的话。小城妈妈就抓住了男孩的这种心理，让孩子来保护自己，一步步把小城打造成一个独立、有责任感的小男子汉。父母要想满足孩子做事情的成就感，培养孩子的自立性，不仅可以效仿小城妈妈的做法，还可以参照以下做法：

- 父母要注意自己的语言，尤其是孩子想要帮忙做一些事情的时候，类似“你还小，这些你做不了”“别碰，会把东西打碎”等话，会让孩子产生消极的做事心态，久而久之就会形成“自己太小，什么都做不了”的惯性思维。
- 当孩子做完事情之后，千万不要忘记夸奖他。父母的夸奖和表扬，会让孩子从内心里认为自己所做的事情是正确的或者是值得的，从而变得更加勇敢和自信。

POINT

父母在向孩子寻求帮助的时候，要考虑到孩子的年龄和承受能力，如果超出能力范围，会给他带来压力，如果这样的失败体验过多，会损害孩子的自信心，不利于他的健康成长。

鼓励男孩完成力所能及的家务劳动

每个孩子身上都隐藏着勤劳的种子，只是每当他想帮忙的时候，妈妈总会说“你干不好，让妈妈来”等类似的话，孩子心中勤劳的小火苗就这样慢慢被浇灭了，等父母想重新点燃时，就会变得很困难。那该如何鼓励孩子完成自己力所能及的事呢？

父母要热爱劳动

培养孩子热爱劳动的品质，需要一个以劳动为荣的家庭氛围，如果妈妈时常抱怨劳动脏、累，孩子也会本能地排斥劳动；如果爸爸认为“家务活儿是女人的事”，孩子也会认同此观点。所以妈妈要从自身和丈夫身上杜绝此类言行，以免让孩子从小就讨厌做家务。

分配给孩子一些家务活

父母让孩子承担家务，可以从分配一些固定、具体的家务活给他开始。例如参加周末家庭大扫除、取牛奶、帮妈妈收拾衣服等家务。让孩子承担家务，会让他觉得自己是家庭中的一分子，有应尽的义务和责任。

让孩子体验做饭

父母要鼓励孩子走进厨房，让他知道煮饭、收拾家务不只是女性要做的，男孩子也要做。让他了解饭是怎么煮出来的，菜是怎么炒的。鼓励孩子下厨，学会做饭，这不只是一项生活技能，对男孩未来的发展也有着积极的作用。

除了以上方法外，父母还可以给孩子列出一张他能做的家务的清单，贴在客厅里，让他参照着做。注意，每周只给孩子指定一项家务就好，不要让他自己做一星期的安排，毕竟，孩子没有长性，坚持不了，也不懂得统筹。

一周家务清单

· 收拾玩具
· 擦桌子
· 擦盘子
· 扫地
· 整理书包
· 浇花
· 叠被子
· 擦家具
……

在孩子的成长过程中，体力劳动和智力发展一样，都有着不可低估的作用，孩子在完成力所能及的家务劳动过程中，可以强健身体，磨炼意志，提高自我照顾的能力，还可以促进智力的开发。可以说，一个从来不参加家务劳动的孩子，很难成长为一个真正的男子汉。

培养自立男孩应注意的问题

人要具有独立处世的能力才能在竞争激烈的社会站稳脚跟，父母要从小培养男孩的自立性，除了要把握上述几个关键以外，父母还要注意不能忽视以下方面。

莫让“专制”夺走男孩自立的机会

受到“父为子纲”等传统观念的影响，许多父母在管教男孩的过程中，过于强调自己的权威，他们试图控制一切，孩子的所有事情都由自己说了算，并且总是打着“我这是为你好”的旗号，孩子一旦不听从安排就是“不识好歹”，轻则一顿斥责，重则棍棒相加。这是典型的“专制”型父母。

有的“专制”型父母得意于自己培养的孩子听话懂事，殊不知这种“专制”教育很可能会毁了孩子一生。父母管得太死会妨碍孩子个人能力和独立意识的发展，造成孩子胆怯、懦弱、自卑，不敢大声说话，不敢与人竞争，没有主见，永远把希望寄托在别人身上，有的孩子还会有逆反、攻击等冲动行为。这样的孩子将来也无法独自在社会上立足。

动物界老鹰“家长”对小鹰的做法可以给我们一些启示：老鹰对小鹰关爱有加，但是并不过分娇纵。当小鹰长到足够大的时候，老鹰便让它体验生命中迈向自立的第一步——飞翔。老鹰会“残忍”地把小鹰赶下山崖，小鹰往谷底坠下时，拼命地拍打翅膀，趁此掌握飞翔的本领，并最终学会独自生存。

父母不可能永远为孩子安排好一切，终有一天他需要独自闯荡。孩子幼小的时候，许多事情父母可以替孩子做主。但孩子有了独立意识之后，父母就要适当放手，让孩子学会独立做决定、解决问题，不做专制的父母。那么怎样做才是正确的呢？

给男孩独立做事的机会

父母应该让男孩从小就做一些力所能及的事情，创造一些机会，让他自己去决定、去处理，有意识地培养他的自立性。比如根据男孩的年龄让男孩自己吃饭、收拾书包、洗衣服、整理房间、扫地、擦桌子等，让他承担一些需要经过权衡、思考的事情，父母可以提供参考、帮助分析，但要让他自己做决定，让他逐渐形成独立思考和行事的能力。

给男孩犯错的机会

父母既然要培养男孩独立自主的能力，就不要过分担心他犯错误。在每一次犯错的过程中，男孩都能得到一些经验教训，这实际上是一个不断积累和学习的过程。如果总是担心他把事情搞砸，一味地为他铺垫好一切，那么他就会始终依赖父母，培养孩子的自立性也就成了一句空话。在孩子犯错时，父母应同他一起分析错误的原因，让他的心智和思想在一次次错误中不断成熟起来，这样他才会真正成长为一个自立的男孩。

凡事不要只看重结果

让男孩学会自立是一个漫长的过程，中间可能会走一些弯路，父母不能着急，要学会耐心等待和不断地鼓励。

学会容忍男孩的不完美

孩子毕竟是孩子，他的能力有限，做事难免出错，父母一定要能沉住气，学会等待，并容忍孩子的不完美，比如扣子扣得不整齐、房间收拾得不利落、袜子洗得不干净、洗碗打碎了盘子等。孩子只有通过不断地实践、体验、学习，才能逐步提高。如果父母只看重结果而对孩子进行埋怨和责怪，或是忍不住取而代之，都会打击孩子的积极性，阻碍孩子的进步。

关注男孩付出的努力

父母不要只看到孩子行为的客观结果，还要多关注孩子付出的努力，即使他做得不那么尽善尽美。比如，孩子自己洗衣服但是没有洗干净，这时父母不要只看结果就批评孩子，而是要肯定孩子的努力。“这件衣服很难洗，虽然你没能洗干净，但你认真搓洗了。”这样的表扬是对孩子行为过程中的努力程度进行的肯定，虽然没有获得一个完美的结果，但孩子会倾向于鼓励自己继续努力，

并预期下一次能成功。所以父母要对男孩的努力给予表扬，激励孩子做得更好，即使他没有达到自己心目中的要求。

尽早帮助男孩克服依赖心理

婴儿时期，孩子的各种能力尚未形成，对父母存在依赖心理是十分正常的，但随着年龄的增长，如果孩子还是对父母过度依赖，父母就要引起重视了。具有依赖心理的人没有主见，独立性差，处事优柔寡断。父母要注意引导孩子克服依赖心理，可帮助孩子从以下几个方面努力。

按男孩的能力提出适当的要求

让男孩学会自立，减少对父母的依赖不能急于求成，要按男孩的能力提出适当的要求。如果对孩子的要求过高，难度过大，孩子的能力不足以自行完成，那么只能寄希望于父母，这无助于减轻孩子的依赖心理。父母可以给孩子提出一些他力所能及的要求，让他自己完成，当孩子看到自己可以做成许多事情时，他的自信心和责任感便会增强，从而减少对父母的依赖。

让男孩认识到依赖心理的危害

父母可以通过讲故事的方式让孩子认识到，一个事事企图依赖别人的人，是什么事也干不成的，并且告诉孩子，自己能做的事一定要自己做，自己没做过的事要勇敢尝试去做，遇到问题要做出属于自己的选择和判断，不要什么事情都指望别人。

激起男孩不服输的心理

男孩既有依赖父母的心理，也有争强好胜不服输的天性。父母可以使用“激将法”，激起孩子不服输的心理，让孩子变得主动起来。

让“小懒孩”勤劳起来

许多男孩的身上都或多或少存在一些惰性：懒得搞个人卫生，懒得收拾东西，懒得写作业，遇到难题懒得动脑筋……每个人并非天生就是懒惰的，男孩的惰性与父母的过于勤劳有关系。

懒惰是男孩自立的绊脚石，如果任由孩子的惰性发展，将来只会一事无成。只有那些勤劳上进的男孩才会自立自强，有机会取得更大的成功。要让“小懒孩”勤劳起来，还得父母来帮忙。

不做太勤劳的父母

有的父母始终为孩子包办一切，孩子没有动手的机会和动力，久而久之就会变得没有责任感和自觉性，越来越懒惰。不妨做个“懒惰”的父母，告诉男孩自己的事情自己做，同时还要做一些力所能及的家务活。让孩子认识到，自己是家里的一分子，在享受父母关爱的同时，也有义务承担力所能及的责任，家里的每个人都有义务做家务。当孩子肩上担起责任时，内心就会产生动力。

对男孩多些鼓励和赞扬

当孩子犯懒时，父母不要唠叨和批评，而应鼓励孩子“你能行”，这往往能大大提高孩子做事的积极性。当孩子做好了自己的事，参与了家里的家务劳动，父母要及时地称赞和表扬，孩子一定会大有成就感，也更有兴趣坚持下去，做得多了，就会形成习惯。因此，想让孩子勤劳起来，父母就要多些鼓励和赞扬。

本章要点 自立自强的男孩才能赢得成功

自立对成功的影响是不言而喻的，成功的人多是自立自强的人。他们勤于思考，有自己独特的见解，能独立、负责任地处理问题，拥有自强不息的精神。

没有自立，就不会拥有自己的人生。父母与其让孩子平平庸庸一辈子依附自己，倒不如让孩子尽早得到锻炼，让他学会独立生活，学会自己思考、解决问题，学会适应社会，为未来打下坚实的基础。

★ 自立意识从责任感中孕育，父母应注意培养男孩的责任感，这样男孩才会有动力去发挥自己的能力完成一件事情，并逐步养成独立坚强的性格。

★ 告诉男孩“去做你想做的”“我相信你可以做得很好”，没有什么比这样的信任和尊重更能够激发男孩的小男子汉气概，促使他养成独立自信的品格。

★ 父母要从小向男孩灌输自主选择的意识，并引导他做决定，让男孩为自己的决定负责，从小培养他负责任的意识。

★ 让男孩自己打理自己的生活，并完成力所能及的家务劳动，不仅可以培养男孩的责任感和独立性，还能培养男孩吃苦耐劳的好品质。

★ 有时候，父母适度地向男孩“示弱”，让小男子汉来帮你，可以激发他的保护欲望，让男孩变得自信、有担当，减少对父母的依赖心理。

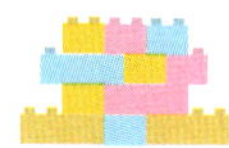

亲爱的爸爸妈妈们：初为人父人母，你们一定对孩子的教育有很多困惑和问题。本书针对男孩的特点和个性做出解答，帮助父母成为合格的家庭教育者，培养出优秀、有个性的孩子。

微信扫描下方二维码，还可以获得更多主编精心准备的线上养育方法。

1. 科学育儿，父母必上的 64 堂课！微信扫码即可获取。

2. 温和而坚定，让孩子受益一生的教养方式！微信扫码即可获取。

3. 微信扫码加入阳光男孩养成圈，分享育儿心得，学习育儿经验！

4. 育儿难题求解答？专家为你支妙招！微信扫码即可获取。

5. 线上记录孩子成长瞬间，时刻分享孩子进步喜悦！微信扫码加入我们吧！

6. 微信扫码，可获取知名营养师打造的育儿营养膳食食谱！

快来为您的孩子准备营养美餐吧！

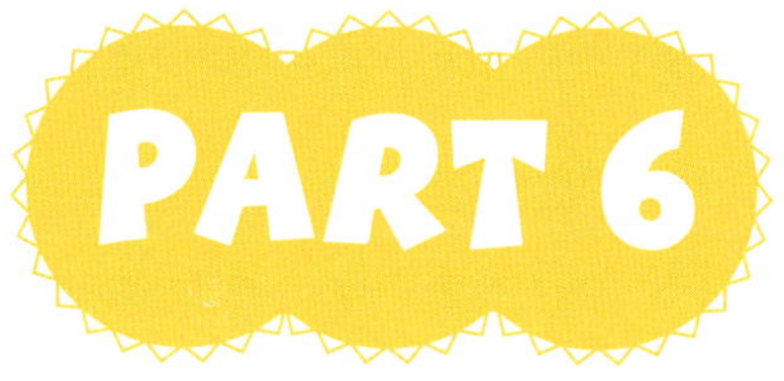

从小打造男孩的交际能力

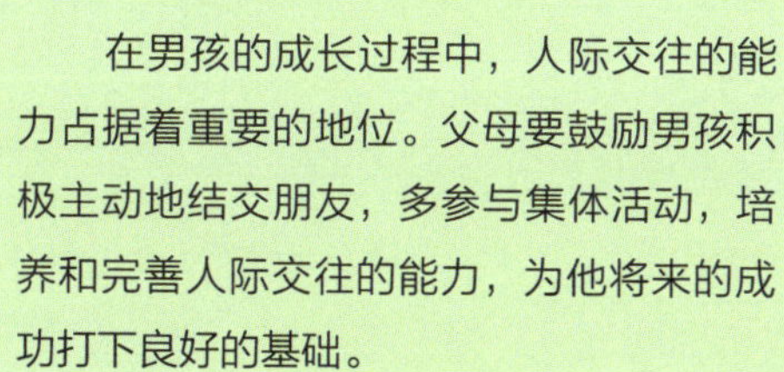

在男孩的成长过程中，人际交往的能力占据着重要的地位。父母要鼓励男孩积极主动地结交朋友，多参与集体活动，培养和完善人际交往的能力，为他将来的成功打下良好的基础。

培养魅力男孩的 7 个着手点

卡耐基曾说：“一个成功者，专业知识所起的作用是 15%，而交际能力却占 85%。”父母要帮助孩子认识到人际交往的重要性，并鼓励他积极主动地结交朋友。

教育男孩平等待人

现在的孩子有些“势利眼”倾向，例如谁的玩具高级，身边就会聚集很多小朋友，也许孩子并没有“势利”的意思，但却能折射出父母教育的疏忽。彼此之间的不同可能会导致差异性的出现，作为父母要教会孩子平等待人。

- 要让孩子学会平等待人，父母首先要平等对待自己的孩子。可以多鼓励孩子表达自己的意见，跟他进行平等的交流；定期组织家庭会议，让孩子也加入其中，家中的事情跟他聊一聊，让他意识到自己在整个家中的地位和作用。
- 父母的言行举止都被孩子看在眼中，如果父母平常不能做到平等待人，孩子自然也会受到不良影响。所以，父母在为人处世、待人接物中，要避免出现偏见或者歧视。
- 每个人都有自己的优点和劣势，父母要引导孩子多发现他人身上的闪光点，多尊重他人，从而帮助其形成平等待人的好习惯。

为男孩的交往提供必要的帮助

在成长的过程中，每个孩子都需要适合自己的朋友，但有的孩子在人际交往上有很多担心和顾虑，有的则比较害羞，父母要积极地鼓励和帮助孩子，才能让他更好地去寻找或获得友谊。

帮助 1

父母要善待自己朋友

如果父母善待朋友、重情重义，孩子也会从父母跟朋友的相处中学会如何赢得别人的友谊。所以，要想孩子善于交际，父母就要先对自己的朋友关怀备至。

帮助 2

培养孩子的多重兴趣

共同的兴趣爱好是建立友谊的基础，当孩子对某方面擅长时，他就会利用这种专长来结交朋友。如果孩子朋友不多，父母可以通过培养孩子的爱好，为他制造结交朋友的机会。

引导孩子主动交友

在孩子的心中，他期望周围人能够发现自己，并且自觉地走到自己的身边。所以，孩子进入新环境后常常出现被动、消极的表现，父母要在尊重孩子的同时，鼓励他勇于结交新朋友，例如先打招呼、分享玩具等，和周围的小朋友熟络起来。

鼓励男孩参加集体活动

现在独生子女增多，孩子先天就失去了和兄弟姐妹一起长大的机会，如果再缺少交流经验，孩子很容易性格腼腆，甚至孤僻不合群。父母应鼓励孩子多参加集体活动，帮助他改善人际关系，发展个性。

首先要理解他人

识别他人情绪的能力又叫作移情，换句话说就是能够通过他人的细微变化，察觉到他人的需求和欲望。父母要让孩子学会察言观色，洞悉、辨别、评价他人的情绪。只有这样才能做到理解他人，而这也是沟通和建立良好人际关系的前提。

其次要为他人着想

当孩子能够感知、察觉他人的情绪、想法和感受后，父母就要培养孩子理解他人情绪的能力，也就是建立同情心，让孩子设身处地地为他人着

想，尽量体会到他人传递给自己的情绪，并产生共鸣。很多孩子由于独生的关系，常常只能从“我”的角度看待别人，这是通病也是弱点，只有培养孩子形成换位思考的习惯，做到理解他人，才能与他人正常地交往。

教导孩子学会珍惜友谊

很多时候，孩子会因为发现了对方的缺点而产生矛盾心理，此时父母要帮助孩子分析朋友的特点和自己身上的优缺点，让孩子明白“金无足赤、人无完人”的道理，还要让他懂得友情的可贵，要学会珍惜自己与他人之间的友情。只要不是触犯原则的小缺点，就要尽量宽容对方，也可以伸出友谊之手，帮助对方改掉缺点。

培养孩子乐于助人的品格

人际关系是人们彼此相互作用的结果，所以要想得到别人的关心，首先就要学会关心别人。父母要培养孩子乐于助人、关心他人的品格，让孩子在关心他人的过程中收获愉快的情感体验，从而得到自我肯定后的自信感和乐趣。

塑造孩子活泼的性格

鼓励孩子多参与各种各样的活动，例如踢足球、郊游、野营等，从中感受到生活的美好，有利于陶冶孩子的性情，净化心灵。在积极向上的氛围中，增强精神寄托，从而让孩子的性格变得更活泼。

让孩子学会宽容

既往不咎不是完全忘却别人造成的伤害，也不是孩子懦弱的表现，虽然忘却有时是一种危险做法，但孩子学会了宽容，未尝不是一件好事。得饶人处且饶人，心胸豁达、雍容雅量才是孩子应该具备的高贵品质。

培养男孩诚实守信的品质

一个诚实守信的人在哪里都会赢得人们的尊重和赏识，尤其是男孩子，更应该一诺千金。因此，父母要从小培养孩子诚实守信的优秀品质。只是白白说教，孩子很难养成这种品质，父母不妨试试以下方法。

强化孩子对于诚信的理解

培养孩子的诚信意识需要一个过程，父母不妨多给孩子讲一些关于诚信的故事，例如商鞅立木取信、季布一诺千金等，以强化孩子对于诚信的理解。此外，父母要监督孩子的行为，让他做到“言必信，行必果”。

恰当满足孩子的需求

有很多孩子会因为自己的某些需要得不到满足而撒谎、食言或者违约，例如当他想要一辆新的玩具车时，他可能会说别的小朋友都有，就自己没有之类的话。父母应该让其说出理由，如有需要，应尽量满足孩子。

家人之间要相互坦诚

要为孩子营造一个良好的家庭氛围，家庭成员之间要坦诚相待、信任，孩子从中感受得到，自己就会效仿，从而做到坦诚对待他人。而且，在良好家庭氛围中成长的孩子，即便闯祸了，也会及时向父母承认错误。

男孩的故事

小强的妈妈早在一个月前就答应小强，如果这次的考试成绩进步，就陪他去一次海洋馆作为奖励。为了完成和妈妈的约定，小强最近学习特别努力，等考试成绩出来之后，相比上一次进步了3名。

小强兴冲冲地拿着成绩单去找妈妈“兑换奖励”，但妈妈却说这周末自己要加班，没办法陪他一起去。小强瞬间变得沮丧起来，好在一旁的爸爸说到：“既然答应了儿子，就要做到，不然孩子也会说话不算数……”于是妈妈把工作调整到其他时间，周末时陪小强一起去了海洋馆。

POINT

一个孩子要成为一个诚实守信的人，不仅要靠自身努力，很大程度上还需要父母的引导，所以父母要严格要求自己，向孩子许诺之前要三思，答应孩子的事情一定要做到。同时，父母要做好日常生活中的小事，时刻用诚信的行为影响孩子，让孩子在诚信的氛围中长大，孩子自然就会成为诚实守信的人。

宽容大度的男孩更受欢迎

孩子的宽容心主要表现为对别人过错的原谅。这种宽容大度的品格对孩子的个性发展，尤其是情感的健康发展，以及良好的人际关系建立有着十分重要的意义，父母该如何培养孩子的宽容大度呢？

给孩子一颗包容之心

每个人都有自己的缺点，都会犯错误，只有让孩子学会理解，才能容忍别人的错误和缺点。另外，父母还要引导孩子去理解和宽容比自己优秀的同伴，让孩子向比自己优秀的同伴学习。

让孩子学会换位思考

学会换位思考，就要教孩子学会站在对方的立场，体会对方的感受。当孩子发生矛盾时，父母要教育孩子暂时放开自己的见解，尝试站在对方的角度，理解对方的感受，宽容对方的行为。

父母宽容，孩子才会大度

宽容的父母才能培育出宽容的孩子。父母宽容大度，遇事不斤斤计较，与邻里、同事之间相处融洽，孩子就会学着父母的样子处理自己的人际关系，也会变得宽容、大度。

POINT

在养育宽容的男孩的过程中，父母还要做到宽容孩子的过错，孩子犯错后，应耐心地帮他找到原因并让他改正过来。

男孩的故事

小天和岩岩是一对好朋友，在幼儿园一起玩不够，回到家里也要相约在小区里的儿童活动区见面。今天两人又相约一起玩，两人刚一碰面，小天就看见了岩岩手里拿的新玩具，他也想玩，但岩岩并没有给他，于是两人就争执了起来。

岩岩妈妈赶快过来，拉着岩岩说："你们是好朋友呀，小天只是想借你的玩具玩一会儿，如果你愿意分享给你的朋友，你们就可以一起玩呀！"正说着，小天也凑过来问岩岩："你可以给我玩一下你的新玩具吗？"岩岩大度地答应了。

POINT

相关研究表明，一个人的性格主要是在儿童、青少年阶段形成和基本定型的，特别是早期的性格对人的一生影响很大。因此，父母应从小重视培养孩子宽以待人的良好性格。一个人只有心胸宽阔、宽厚待人，才能收服人心，成就人格魅力。

培养男孩与他人合作的能力

老师为了让孩子们知道与人合作的重要性，特意在幼儿园里举行了一次趣味拔河比赛。第一轮是单人比赛，即每2个孩子组成一队，一人拉住绳子的一头，看谁能赢得比赛；第二轮是多对一，即3个人对抗1个人；最后一轮则是将班里所有的小朋友分成两队，进行拔河比赛，看哪队能赢。

对于这个游戏小杰起初并不感兴趣，因为他的性格有些“不合群”，但是老师偏偏选中了他去参加第一轮的拔河比赛，结果是小杰输了，这让小杰心里有些不高兴，第二轮他便没有参加，最后一轮他所在的队伍赢得了比赛，他也知道了与人合作是件快乐的事情。

看似简单的小故事却蕴涵着深刻的道理：人与人之间不肯合作会带来不可估量的伤害。具备与人合作的能力尤为重要。所以，父母要培养孩子与他人合作的能力。

从家庭开始培养孩子的合作力

家作为孩子的第一个课堂，是孩子参加团体性活动的重要场所。所以，合作能力的培养要从家庭开始，在日常生活中，父母可以分配给孩子一些工作，让他扮演一些角色，例如家中的家具要挪位置，父母可以让孩子先试试，虽

然他肯定搬不动，但父母可以进行适当的教育，与他一起搬。孩子能很快认识到与人合作的重要性。

鼓励孩子参加集体活动

集体活动会帮助孩子意识到与他人合作的必要性，同时父母要让孩子知道，要想获得别人的信任和依赖，自己必须要言而有信，与人友好相处。如果活动中孩子与他人发生争执，父母不必过早干预，有很多时候，孩子可以自己解决问题，并从中获得与人相处的经验。

教给孩子合作的技巧和规则

一定的合作技巧和规则可以帮助孩子更快地建立起合作意识，前提是父母要让孩子明白在合作中既要尊重对方、讲统一，又要有自己的立场。也就是在合作的过程中，不能唯我独尊，要充分顾及他人的需要，但迁就与让步也是有限度的，不能失去原则，在合作中要有自己的立场和个性，要让孩子知道取得同伴的信任与尊重是合作成功的前提。

让孩子尝尝不合作的“苦果”

当孩子因为自己的疏忽而影响大家的时候，事情本身的教育意义就会让他印象深刻，此时，父母不用过多地责备。不妨在恰当的时候让孩子尝尝拖团队后腿的“苦果”，这样他就会明白，在一个团队中，由于个人失误给整个团队带来麻烦是很不好的，从而认识到与人合作的重要性。

引导男孩与异性的交往

浩浩妈妈按照惯例去接浩浩放学，只是今天与往常不同的是，浩浩与一个小女孩一起走了出来，还很认真地告诉妈妈这是自己的“女朋友”，名字叫梅梅，还说全班所有同学中，只和梅梅关系好，这让浩浩妈感到很困惑，难道儿子已经早恋了？

交往是人的基本要求，对孩子来说，不管是同性交往还是异性交往都是必须的、重要的。大部分情况下，男孩女孩有接触是很正常的，如果不敢接触才说明不正常。所以，明智的父母都不会阻止孩子结交异性朋友，而应学会巧妙地引导，帮助孩子建立正常的异性友谊。

家长要端正态度

作为父母，首先要端正自身态度，不能把男孩女孩间的正常交往误认作早恋，甚至批评责骂孩子。父母应该支持孩子与异性做朋友，并帮助孩子形成健康的交往心理。例如，引导男孩发现女孩身上的优点，并鼓励他向对方学习，既能增强孩子的人际交往能力，又能促进孩子的进步。只有孩子的心态正确，他才能真诚坦荡地结交异性朋友，相互学习、共同进步。

告诉孩子正确的交往方式

父母要提醒孩子注意与异性之间的交往方式，可以建议他多参与集体活动，通过活动了解和结交更多的异性朋友。课间的聊天、课外活动等都为孩子创造了与异性交往的机会，在浓厚的集体氛围中，即便孩子性格内向，不擅长交际，也会尝试着与异性大胆交谈，这就避免了孩子独自面对异性的羞涩和窘迫。

帮助孩子把握言行举止

与异性交往，关系要疏而不远，注意把握好身体和心理距离。父母要多关注孩子的言行举止，如果发现有异常情况，要及时提醒孩子注意，并让他及时调整。例如，提醒孩子不随便开庸俗的玩笑，不要随便亲密接触等。要让孩子知道，结交朋友是内心需求的一部分，但不是生活的全部，在学生时代，要以学业为重。

让孩子处理自己的感情

如果父母发现孩子早恋，不要强硬“镇压”，而应调整好自己的情绪，及时与孩子进行沟通，以便了解具体情况。把解决问题的主动权交给孩子，同时要给予帮助、指导。父母要始终保持坦诚、关切、严肃、认真的态度。此外，父母还应该帮助孩子寻找生活目标，以转移孩子对“早恋”的注意力。

培养魅力男孩应注意的问题

很多父母的过度“关爱”剥夺了孩子交朋友的权利，要想孩子快乐地长大，友谊是必需的，但要注意以下问题。

“圈养”限制男孩的交际能力

琦琦是个性格温顺、成绩优异的孩子，但他却没什么朋友。原来是在琦琦小时候，父母总把他“圈”在家里，不经常带他出去。久而久之，琦琦见到陌生人就会哭，喜欢自己一个人玩，独来独往，几乎没有朋友。

孩子的性格、能力与父母有很大关系，过度“圈养”会限制孩子的交际能力。想要孩子有属于自己的交际圈，父母要做到以下几点：

- 如果孩子长期处于“独学”的状态，不仅会造成性格上的孤僻，其内心的健康状况也会出现问题，长大后很难立足于社会。所以，父母要允许孩子结交新朋友。
- 只有经常和朋友们在一起，才会增进彼此之间的友谊。这就要求父母多为孩子创造交往的机会，例如开家庭聚会、相伴出游等。
- 父母要尽可能地为孩子打开生活空间，鼓励孩子走出家门，参加各种集体活动，广交朋友。这不仅能增强孩子的交际能力，还会让他学会调节自身，从而适应集体。

让男孩自己处理交往中的矛盾

孩子之间很容易发生冲突，尤其是男孩之间有时双方都不肯退让，或者性格都比较倔强，就会出现争吵，或者小打小闹。父母在教育孩子时，要注意方式方法，不要过分疼爱或严厉，应该让孩子学会自己处理和朋友之间的矛盾。

父母不要过多干预

对于孩子来说，和朋友之间有摩擦是很正常的事情，不值得大惊小怪，父母也不必斤斤计较，这样有助于增进孩子间的友谊，促进彼此的了解。如果问题比较严重，父母宜采取劝阻的方式，或者把孩子带走进行安抚和引导，而不是添油加醋，使事情恶化。

告诫孩子不能主动攻击

当孩子受欺负后，常常会因为心里不舒服，想要讨回公道而出现动手的行为，这是孩子自卫心理的一种，父母要允许孩子树立自我保护意识，但要教育他不能动手打人，更不能随意攻击别人。

让孩子承认自己的错误

父母要让孩子明白，不管前面是谁做得不对，但自己先动手打人就是不对的，要教育孩子主动承认错误并向对方道歉。可以这样跟孩子说："我知道不全是你的错，但你先动手把人家打疼了就不对，所以要去道歉。"这样孩子会更易接受建议。

引导“有个性”男孩的交往

每个孩子的性格都是独特的，父母要多关注孩子，了解他的性格特点，有针对性地帮助孩子克服人际交往的障碍。

过于羞怯的男孩

父母要多和孩子进行沟通，提高他的自我表达能力，同时还要有意识地创造结交朋友的机会，让孩子抛开羞怯，勇敢交友。

攻击性强的男孩

父母在肯定孩子的决心和热忱的同时，要引导他恰当地表达自己的情感，并提醒他对朋友要有包容心，不能总以自我为中心。

总想当“头儿”的男孩

父母要让孩子学会体谅他人，懂得谦让与合作。也可以让自家孩子与年长几岁的小朋友一起玩，让他体会被别人指挥的感受，学会调试自己的支配地位。

过于重情义的男孩

鼓励孩子多参加一些团体式的游戏，让他接触到更多的同龄人。父母要引导孩子多关注其他的小伙伴，不要只有一个朋友。

爱“捣乱”的男孩

在日常生活中父母不要过分迁就，让孩子养成任性的坏毛病，可以尝试和孩子一起制定一些规则，并监督他执行，从而改正孩子爱捣乱的毛病。

过于盲从的男孩

父母要向孩子灌输正确的是非观念，让孩子既能够养成宽容他人的美好品质，也能坚持自己的原则，不要盲目谦让。

让正直的男孩懂得变通

然然的姑姑是一位数学老师，妈妈时常会带着然然去姑姑家做客，顺便请姑姑辅导然然的数学。这天，姑姑给了然然一本复习资料，要他拿回去好好复习。这时妈妈告诉然然说："这是你一个人的，不要拿给别的同学……"，但然然心里却想："爸爸告诉过自己，男子汉做事要正直，一本资料而已，为什么不能一起看？"

男孩喜欢主持正义，尤其是当他面对威胁的时候，不仅会勇敢面对，正义感也会油然而生，在正义感的带动下，孩子会做自己认为对的事情，这就是正直的表现。但生活中的诸多例子已经证明，一味的正直并不是一件好事，例如因为正直伤害了他人的面子，因为正直而得罪人等。所以让孩子学会变通是很有必要的。在日常生活中，父母可以告诉孩子和朋友相处时要学会照顾朋友的面子；多和朋友沟通，不能为了坚守自己的原则而和朋友翻脸；遇到难题的时候，应该学会多角度考虑，不要钻牛角尖。

在有些时候只会变通是不够的，父母还要让孩子学会冷静思考，尤其是遇到突发状况时，如果盲目伸张正义，很可能对自己造成伤害，要运用巧妙的方法，既能让自己免受伤害，又能体现出自己的正直。

教给男孩必要的礼仪

社交礼仪是一种文化，是人们在日常生活中，用来处理人际关系、表达对他人友谊的一种行为规则。讲礼仪能够塑造孩子的美德，也能提升其个人形象。

教孩子学会文明用语

使用礼貌用语是孩子讲礼貌、懂礼仪的基础，父母要教会孩子使用礼貌用语，常把“谢谢”“对不起”“请”“您”等敬语挂在嘴边；看到熟人要主动打招呼；对于他人的答谢要礼貌回答“应该的”“别客气”等。

规范孩子行为

孩子是否懂礼貌不仅要体现在“言”上，还要体现在“行”上。父母要有意识地训练孩子的礼貌行为，例如：进门之前先敲门，得到允许后才能进入；家里来客人后要主动让座；去游乐场玩耍要自觉排队等。对于孩子的礼貌行为，父母要及时表扬并肯定，这会让孩子把好行为变成好习惯。如果孩子有不礼貌的言行，父母要及时纠正，不能任其发展。

家长身体力行

礼仪就是一些生活小细节，父母平时注意这些细节，反复在孩子面前示范，孩子也会默认、遵守这些细节。讲文明、讲礼仪的父母，总会通过自己的言行，给孩子良好的礼仪熏陶，让男孩变得越来越“绅士”。

本章要点 交际能力是开启成功之门的钥匙

良好的交际能力不仅能让孩子从容地与同龄人交往，还对他的生活、学习以及将来的工作发展都有重要意义，可以说是打开成功大门的钥匙。

也许是独生的原因，也许是性格上的差异，孩子在建立自己的朋友圈时难免会遇到一些问题，此时就需要父母的帮助。但有些父母缺乏科学的教养方法，就会阻碍孩子社交能力的建立，父母不妨从以下几方面入手，给予孩子正确的帮助。

★ 作为父母，要多与孩子沟通，鼓励他表达自己的想法。需要提醒的是，孩子会在不自觉中把与父母的沟通方式带到自己的人际交往中去，所以父母要注意与孩子的沟通方式。

★ 结交朋友的过程，可以看作向他人“推销”自己的过程，需要很大的勇气，这样的勇气来自孩子的自信。父母要用发现的眼光看待孩子身上的优点，并多赞美和肯定，从而树立他的自信心。

★ 懂得对人微笑的孩子，是充满阳光的，而且很多事实都已经证明，不管是成人还是小孩，都没有办法让自己不喜欢这样的孩子。因此，父母要教会孩子用真诚的微笑去打开别人的心门，这也是人际交往的重要内容。

亲爱的爸爸妈妈们：初为人父人母，你们一定对孩子的教育有很多困惑和问题。本书针对男孩的特点和个性做出解答，帮助父母成为合格的家庭教育者，培养出优秀、有个性的孩子。

微信扫描下方二维码，还可以获得更多主编精心准备的线上养育方法。

1. 科学育儿，父母必上的 64 堂课！微信扫码即可获取。

2. 温和而坚定，让孩子受益一生的教养方式！微信扫码即可获取。

3. 微信扫码加入阳光男孩养成圈，分享育儿心得，学习育儿经验！

4. 育儿难题求解答？专家为你支妙招！微信扫码即可获取。

5. 线上记录孩子成长瞬间，时刻分享孩子进步喜悦！微信扫码加入我们吧！

6. 微信扫码，可获取知名营养师打造的育儿营养膳食食谱！

快来为您的孩子准备营养美餐吧！

让男孩主动爱上学习

对于“倔脾气”的男孩来说，严厉的管教并不能让他主动爱上学习，甚至会产生逆反心理。父母要激发他对学习的兴趣，开发他学习的潜力，指导他制订学习计划，变“要我学”为“我要学”。

培养智慧男孩的7个着手点

男孩往往更喜欢富有挑战性和趣味性的事物，所以他常常会对枯燥的学习不感兴趣。父母的首要任务就是激发男孩的学习动机，教会他掌握正确的学习方法，引导男孩主动爱上学习。

引导男孩把学习当成乐趣

在男孩的世界里，“顽皮”“不爱学习”“不听话”等字眼总是反复出现。他们似乎永远无法像女孩那样安静、乖巧地在书桌前看书、写作业。难道男孩天生就不爱学习吗？当然不是。有研究表明，男孩身上蕴藏着巨大的学习潜能，甚至比女孩子还要大得多。而很多男孩之所以“学习不好”，往往是因为他们对此没有兴趣，或找不到正确的学习方法。

爱因斯坦曾经说过：“兴趣是最好的老师。”孔子也说：“知之者不如好之者，好之者不如乐之者。”可见，浓厚的兴趣和求知欲能有效地诱发学生学习的积极性，促使其主动探求知识，把握方法，从而创造性地运用知识。因此，想要培养智慧男孩，提高男孩的学习能力，首先应培养男孩的学习兴趣。

以“兴趣”激发兴趣

每个男孩都有自己的性格特征和兴趣爱好，父母要多观察，善于发现男孩的兴趣点，并从中找到这些兴趣与学习的连接点，从而引导孩子将兴趣转移到学习上来。

满足男孩的好奇心

好奇是男孩的天性，男孩的好奇心往往与他的求知欲、学习兴趣和思维能力联系在一起。作为父母，必须要好好面对“十万个为什么”，无论遇到什么问题，一旦被提出来，就要认真地回答，保护好男孩的好奇心。

培养男孩正确的竞争意识

男孩多是争强好胜的，父母可以充分利用男孩的这一特性，激发他的兴趣。男孩一旦具备强烈的竞争意识，几乎不用家长督促，也能自觉地学习，并且乐于在学习中探索了。

引导男孩把学习“游戏化”

没有一个男孩不爱玩游戏，聪明的父母懂得引导孩子在游戏中学习，在学习中游戏，这对激发男孩的学习兴趣和求知欲大有帮助。比如，有的男孩可能不爱学习课本知识，但如果把知识编进谜语里面，和孩子玩猜谜游戏，或成语接龙等，并适当给予奖励，孩子可能就会从游戏中体会到乐趣，以后就会主动去猜谜、猜题，进而起到学习的作用。

让男孩体会到学习的成就感

当一个人能从某件事中获得自我成功感，那么他将有更多的动力去从事这件事，并将它做得更好。男孩的学习也是如此。因此，父母要多关注男孩的学习，看到其进步，并及时给予肯定和表扬。有时候，当男孩在学习过程中取得进步时，父母还可以适当满足男孩的一些愿望或给予男孩一些奖励，强化男孩的成就感，激发男孩的学习兴趣。

给男孩创造良好的学习环境

父母能否为男孩创造良好的学习环境，对男孩的学习有着直接的影响。家庭学习环境主要包括硬环境和软环境。硬环境主要包括安静的住所、明亮的书房、舒适的桌椅、合适的灯光、必备的学习用品等物质条件。这些环境对一般家庭来说都不难做到，只是根据家庭经济实力，做到的程度不一样而已。一个家庭软环境主要包括家长的学习兴趣与认识、对学校及教师的态度等因素。父母应该给男孩提供一个和睦温馨的家庭软环境，在这样的环境里，男孩会感觉到安全，才更容易提高对学习的兴趣。

父母要为男孩树立爱学习的好榜样

在家庭教育中，身教一向胜于言传。这就是说，想要男孩爱上学习，父母自己也要喜欢读书和学习。有些家长一边自己玩游戏、搓麻将，一边

要求孩子好好学习。试想一下，这样的环境下孩子会有好的学习心情和浓厚的学习兴趣吗？但如果家长喜欢学习，而且言行举止充满正能量，我们的孩子还用得着天天耳提面命吗？正如孔子所说："其身正，不令而行；其身不正，虽令不从。"

鼓励男孩发散思维

要想男孩学习好，必须让男孩养成独立钻研、善于思考、务求甚解的好习惯。而想要培养这种习惯，就必须要求男孩具有发散性思维。父母在日常生活中应鼓励男孩从不同角度、不同方向去思考问题，有意识地训练男孩思维的灵活性、流畅性和独创性。

培养男孩"多思善问"的习惯

父母要善于引导、鼓励男孩多提问，多问自己为什么，帮助男孩把大脑"运转"起来。同时，鼓励男孩持怀疑精神，告诉他课本上的知识或老师所讲述的内容大部分都是正确的，但也不能排除有一些错误，当遇到自己不明白的问题，要敢于怀疑，然后通过查找资料，与同学、老师探讨等方式解决问题。

用益智活动丰富孩子的生活

爱玩是男孩的天性，父母可以利用男孩的这一天性丰富男孩的生活、锻炼其思维。例如，可以多挑选一些色彩鲜艳、需要一定动手能力的益智玩具，像拼图、搭积木、魔方等；也可以让男孩玩一些需要动脑思考的游戏，如五子棋、跳棋等；还可以为男孩准备一些锻炼思考能力的智力题，让男孩的大脑变得更灵活。

教男孩学会独立思考

随着男孩的成长，父母首先要学会逐渐放手，引导男孩试着靠自己的智慧去独立解决力所能及的事。同时，鼓励男孩去寻找问题的答案，而不要把自己的答案强加给他们。

鼓励男孩多到户外活动

孩子对没有见到的事物无法展开想象，所以父母要经常把男孩带到户外，让男孩多观察和感受那些实实在在的东西，这样他的思想也更容易被引向创造之路。

认真回答男孩的每一个“为什么”

出于天性，男孩的好奇心强，经常会观察生活中的一些事物并向父母提出疑问，有时男孩的问题会比较奇怪或“幼稚”，这时父母千万不要失去耐心，表现出不耐烦的态度，而应尽量走入男孩的世界，陪他一起感受，一起体验。只有这样，男孩的想象力才能得到呵护和提高。

支持男孩富有想象力的实践

男孩不仅想象力丰富，而且还有很强的动手能力，一旦有了想法，便希望通过实践来进行验证。对此，有些家长认为是在浪费时间，甚至直接告诉男孩这样做是错的，这些都会打击男孩的积极性。正确的做法是支持男孩，并在保证男孩安全的前提下帮助男孩验证自己的想法，得到正确的认识。

引导男孩描述自己想象的世界

父母可以让男孩根据目前的生活，来想象并描述未来的世界；或是带男孩到博物馆去参观古人用过的器具，让男孩通过观察来想象古人的生活；也可以让男孩多阅读，通过阅读启发想象。

帮助男孩提高记忆力和理解能力

在学习上，记忆力与理解能力是非常重要的。不过，记忆力并不是天生就有，学习也不是单靠死记硬背就能取得好成绩，这些都需要父母后天耐心的、正确的教导。

鼓励男孩背诵

在儿童早期教育中，记忆力比理解力更为重要。很多事实表明，记忆力越好的孩子，理解能力越强，他们也就表现得越聪明，学习成绩也更好。所以，父母应在男孩成长的过程中，鼓励其背诵、记忆。随着男孩年龄的增长，他头脑中存储的“材料”多了，大脑自然能将其联系起来形成理解，而理解又会加强记忆。

多问男孩“为什么”

日常生活中，父母不妨利用各种时机有意识地问男孩一些“为什么”，让男孩开动脑筋去思考、去探索。比如看到下雨，可以问孩子“为什么雨是往下落而不是往天上去？”看到镜子，可以问孩子“为什么镜子能照出人的影像？”……在这样不断的提问和引导中，男孩遇到新事物时就会下意识地问自己“为什么”，可以培养他思考的习惯，进而逐渐培养男孩的理解能力。

反复练习加以巩固

对同一个问题，父母可以经常变换角度进行提问，有意识地帮助男孩巩固知识点，加深其理解和记忆。只有通过反复强化的记忆，才是长久的记忆。

帮助好动的男孩提高专注力

孩子的专注力是非常有限的，尤其是男孩，他们往往很难长时间集中注意力，专心地进行学习。对此，父母应该多给男孩一些耐心，在尊重男孩天性的基础上，培养其“安静坐定”的能力。

尊重男孩的游戏时间

当男孩玩耍时，父母不要轻易去干扰或打断男孩的游戏，让男孩有机会和时间去培养专心的态度。如果必须打断，应以提前告知的方式，让男孩知道即将要进行的事项。

给男孩一个独立的学习空间

专门给男孩准备一个房间或角落，让他做自己的事情，这样可以避免被周围环境打扰。另外，家长还需及时帮男孩清除干扰因子，比如当男孩“涂鸦”的时候，把孩子周围其他玩具都拿开，这样男孩才能专心画画；当男孩在房间学习和阅读时，父母应该尽量不开电视或把电视声音关小，以免打扰男孩的学习。除此之外，家长还应克制好自己，不要在男孩旁边玩手机、打游戏，以免男孩“有样学样”。

让男孩一次只做一件事

一个人的精力是有限的，特别是孩子，因此，不要让男孩的注意力在几件事情之间来回切换，应让男孩学会一次只做一件事，学会分清主次。

比如，不要让男孩在吃饭的时候看电视或玩玩具，也别让男孩一边写作业一边看电视。具体而言，对于小一点的男孩，可以根据孩子的习惯安排其作息，大一点的男孩则可以帮助他做好计划表，先做什么，再做什么，做到心中有数。

以兴趣培养注意力

兴趣是产生和保持注意力的主要条件。一个男孩对某项事物的兴趣越浓，其稳定、集中的注意力越容易形成。所以爸爸妈妈应注意培养男孩广泛的兴趣，并以此为媒介培养男孩的注意力。

培养男孩的自制力

男孩很容易被其他事物所吸引，多与其自制力不强有关。对此，父母应注意培养男孩良好的习惯，可以每天在固定的时间给男孩制定一些任务，规定男孩在执行该任务的时候不能做其他事情，最好设一个时间限制，让男孩有紧张感。过后，父母要对男孩的成果进行验收，激励男孩再接再厉。

正确引导，培养男孩的自学能力

古人云：“授人以鱼不如授人以渔。”我们与其教会孩子更多的知识，不如教会孩子自学，掌握学习知识的本领。所谓自学能力，是指在没有家长、老师或其他人的帮助下自主学习的能力。自学能力是每一个孩子都应掌握的一种能力，它不仅能帮助男孩提高学习成绩，而且对陶冶男孩的性情也有助益。

现在的很多男孩习惯了在家依靠父母，在学校依靠老师，知道即使不自学，也会有人指导自己学习。对此，父母要多加引导，帮助男孩克服这种依赖。比如，可以告诉男孩自学的好处：自学老师还没讲过的内容可以发现一些自己不理解的地方，这样带着问题去听课，知识点会记得更牢。

同时，父母还应养成男孩自学的好习惯，尤其是对于很多意志力薄弱、自我约束能力差的男孩。父母可以先陪男孩一起学习，了解男孩的学习状况，并帮助男孩改正一些错误，给予男孩一些指导后再慢慢放手，让男孩学会自学；可以培养男孩看书的习惯，培养男孩的兴趣，然后逐渐引导男孩养成自学的好习惯。

以下几点，有助于男孩养成学习好习惯：

- 告诉男孩每个人都有自己的事情要做，比如，学习就是他自己要做的事。
- 自己的事情自己做。
- 指导男孩自己检查作业。
- 对男孩进行适当的挫折教育，让男孩独立解决有一定难度的问题。
- 有意识地为男孩创造一些机会，让男孩独立做一些力所能及的事情。

除此之外，父母的适当放手也很重要。很多父母习惯了为自己的孩子包办一切，长期下来，孩子习惯了依赖父母，很难学会自主，自学能力自然不佳。父母应明白，孩子的成长谁也代替不了，将来的风风雨雨必须亲身经历，未来的路也必定要孩子自己走。因此，应给孩子的成长创造条件、创造锻炼的机会，而不是凡事包办代替、做孩子的“代言人”。父母理智的爱，才是男孩需要的爱。

教男孩学会制订学习计划

制订计划并按照计划学习，是学习中的头等大事，是每一位男孩都应做的事情。它可以告诉男孩每一天的每个时间段，甚至每个时间点应该做什么，怎么安排并调整自己的学习进度等。

已经上初中一年级的京京从小就是个聪明的男孩子，也很听爸爸妈妈的话，但是一直对学习不怎么上心。或许是许多男孩都有的通病吧，京京的数学好，但语文就真的是“一言难尽”。在一次期中大考中，京京的语文再次拖了后腿。看到妈妈失望的眼神，京京跟妈妈保证：“我一定努力努力背诵古诗文，学好语文。”

接下来的一段时间，京京果然花了很多时间来学习语文，每天早晨起床后都会背诵一篇古诗文。京京妈妈很欣慰。半个月后，妈妈问京京学习成果，京京却支支吾吾地解释说：“我背了几天，没什么效果，而且背课文真的挺没意思的，每天的作业又多……”

妈妈并没有责怪京京，而是对他说：“学好语文不是一时半会的事，是有技巧的，你应该制订一个学习计划，并且认真去执行。”京京听后认真地点了点头，在妈妈的辅助下制订了适合自己的学习计划，比如每周语文学习时间的安排、如何背诵、怎么预习、怎么学习写作文等。一段时间后，语文成绩果然有所提高。

对于学习来说，一个切实可行的学习计划是非常重要的。没有计划，就不知道该做什么，也不知道自己正在做的事对学习目标的实现有什么帮助。而如果有一个切实可行的学习计划，就有了方向和动力。学习计划应该包括每天的时间安排、考试复习安排和双休日、寒暑假安排。计划要简明，什么时间干什么、达到什么要求都要明确，这样学习起来才会有的放矢。

男孩制订学习计划应在家长或老师的帮助下进行，应根据自身的环境和优缺点，制订切实可行的、循序渐进的计划。

从男孩的学习和生活习惯入手

男孩制订学习计划时，一定要从学习和生活习惯入手，比如在男孩状态好的时候，学习计划可以安排得紧凑些，反之，学习计划就调得松一些；男孩有课前预习、课后复习的习惯，可以将其整合到学习计划中；男孩有早晨起床后朗诵课文的习惯，就遵从孩子的意愿。

学习计划要与学习内容相适应

要想达到好的学习效果，学习计划中的内容应该和男孩每天学习的内容相适应。比如，孩子今天的学习重点内容是数学，学习计划中却规定要背诵课文，这样的计划可能就起不到很好的效果。父母在给孩子制订学习计划的过程中还应该参照学校的教学进度。如果学习计划与学校的课程进度相差太远，那么，男孩在学校的学习和自学便不能很好地结合起来，反而会影响男孩的学习效果。

学习目标要明确具体、切合实际

学习计划中确定的学习目标要明确、具体，太过空洞的目标往往会让男孩无所适从，找不到努力的方向。另外，父母在协助男孩制订学习目标时，还要充分考虑到男孩自身的学习情况，既不能太难，也不能太容易，要切实可行、循序渐进。

学习计划要留有余地

父母在协助男孩制订学习计划时应该留有余地。男孩都是爱玩的，如果学习计划安排过满，没有留出应有的玩耍时间，男孩可能会被过于紧凑的学习计划压得喘不过气来，久而久之，就会对学习产生反感，不利于提高男孩的学习效率。另外，在学习和生活中常会有一些难以预料的事，因此，在制订学习计划时，时间安排上要富有弹性，既不能过于紧凑，也不能太松散，否则都达不到应有的效果。

制订学习计划要灵活

学习计划的灵活性主要体现在两个方面：一方面，在计划的类型上要灵活选择，应该设定长期目标和短期目标，并做好阶段性计划安排，同时还应有临时计划；另一方面，学习计划也不是一成不变的，在执行过程中，应该根据男孩计划执行的情况以及学校的教学情况及时做出调整。

让男孩养成课外阅读的习惯

有这样一个有趣的现象：很多男孩虽然不爱读书，但一旦他们遇到自己感兴趣的图书，就会全身心地投入到阅读中去，甚至“着迷”。可以说，只要男孩对读书感兴趣，那么阅读很容易就能成为他快乐生活的一部分。然而，在现代许多家庭教育中，父母通常会让男孩参加各种补习班、做大量习题册，注重男孩的考试成绩而忽视了男孩成长中对阅读的需要，甚至会限制男孩看“闲书”。

阅读对一个人的影响是非常大的。阅读能力是一个人未来从事各项工作必须具备的能力。男孩通过阅读，不仅可以感受语言图画之美，还可以获取关于这个世界的各种知识，开阔视野，提高对事物的认知能力。那么，父母怎么做才能让男孩爱上阅读，养成良好的阅读习惯呢？

让男孩体会读书的乐趣

当孩子读完一本书时，无论这本书多薄，内容多简单，父母都要及时给予表扬。比如，可以对男孩说：“你真了不起，又读完了一本书！”这样会让小男孩产生一种成就感。另外，父母有时也可以耍一点“手段”。比如，装作被儿子的才学考住，以此来满足他的虚荣心。只有不断让男孩体会到读书的乐趣，他才会慢慢爱上阅读。

陪伴阅读

父母可以从婴儿期开始每天读书给小男孩听（从怀孕期间开始也可以），培养孩子对书籍的喜爱之情。随着男孩长大，在亲子阅读的过程中，可以恰当地提出一些问题，鼓励男孩与书本之间形成良好的互动。

每天固定时间阅读

从小给男孩安排固定的阅读时间，日积月累，不仅能养成男孩的阅读习惯，还能为他积累大量的知识财富，成为日后成功路上的基石。父母可以根据男孩的年龄和生活习惯定阅读时间，比如早上起来20分钟或是睡前半小时。阅读时间不宜过长，也不要限制他看什么书，内容可以由男孩自己掌控。

为男孩提供丰富的课外读物

家庭藏书的数量可能有限，如果想要提高男孩的阅读量，扩大男孩的阅读范围，充分利用各处的图书资源是个不错的选择，比如图书馆。现在，很多学校也专门设立了阅读课，男孩们可以在图书室借阅自己喜欢的图书，汲取知识养料。

教给男孩阅读方法

对于学龄前期的男孩，可以引导他阅读绘本读物，先有意识地看图画，再阅读文字，然后将两者结合起来体会故事内容，而不是只看图画不读文字。大一点的男孩，可以指导他“圈点勾画”，即一边阅读，一边对生字新词、妙语佳句或重点段落进行圈画，做出标记。

培养智慧男孩应注意的问题

现在越来越多的父母都将目光瞄准了男孩的考分，成绩固然重要，但父母需意识到，成绩并不是考量男孩智慧的唯一标准，男孩的全面发展更为重要。

理性看待男孩的学习成绩

很多父母是爱自己的男孩的，但是当他们拿到男孩成绩单的时候，又会不自觉地过分看重考试分数，给男孩扣上“笨”“不争气”“没出息”等帽子，动不动就批评、斥责男孩，而忽视了对男孩的爱。这样不仅容易给男孩增加压力，还可能伤害男孩的自尊心，甚至让男孩认为父母根本不关心自己，而是喜欢他的高分，从而造成父母与男孩之间的感情对立。

现代著名作家、教育家叶圣陶先生曾说：“分数并不代表知识，更不是衡量孩子学习好坏的唯一标准。”我们经常可以看到，一些男孩学习成

绩虽然好，但生活自理能力差、不合群，进入社会后处处碰壁；而另一些男孩，虽然学习成绩一般，但是性格开朗，为人热情大方，成长道路反而比较顺畅。所以，考试分数只是测评男孩学业的一个方面，或者说一个参考，我们不能仅仅通过学习成绩的高低评判男孩的一切。

正确认识分数的作用

父母应认识到，考试的目的是检验男孩一段时间以来的学习情况，以便男孩更好地查缺补漏，并不是学习的全部。男孩考试分数低，说明男孩在这一阶段的学习中出现了问题，我们应该静下心来与男孩沟通，了解男孩没有考好的原因。比如是基础知识薄弱还是学习方法不对，是上课没有专心听讲还是课后没有认真预习，是对某一学科不感兴趣还是学习态度不端正等。只要我们找到了“病症”所在，然后“对症下药”，男孩的学习成绩就会有起色。

别让比较打消了男孩的学习热情

大多数孩子的父母总是羡慕别人家成绩好的孩子，抱怨自己的孩子不如别人家的优秀。这样不仅让家长自己有压力，同时更多的是给孩子压力。父母不能总拿自己的男孩和别人家的孩子作比较，当男孩没有考好的时候，我们应该多给予一些鼓励，这样才能让男孩保持积极向上的心态，不断提高自己。

培养全面发展的男孩

现代社会竞争日益激烈，对人才的要求也越来越高，父母要重视提高男孩的综合素质，培养全面发展的男孩。对男孩来说，要会考试，更要会思考、会学习，良好的思维习惯能帮助男孩获得更多的知识。父母还要关心男孩的心理健康状况，培养男孩积极乐观的性格，一个良好的心态对男孩的成功有着巨大的推动作用。

克制不耐烦，认真对待男孩提出的问题

古希腊哲学家普罗塔戈说过：“大脑不是一个要被填满的容器，而是一个需要被点燃的火把。”要想男孩智力得到最大程度的开发，一定要保护好男孩的好奇心，引发男孩的求知欲望。

男孩天生具有好奇心，由于强烈的好奇心，加上喜欢幻想，男孩提出的问题往往五花八门、千奇百怪，这些问题有的在大人看来是极其简单的，有的甚至还很可笑，还有的则很难回答。这样的问题多了，有些家长就会不耐烦；对于男孩提出的问题随随便便给一个答案，甚至粗暴地打断男孩的提问。如此一来，男孩渐渐地就不敢也不想再问问题了。长此以往，男孩必然变得缺少探索的兴趣，学习态度也会越来越消极。

所以，无论什么情况，对于男孩的种种“为什么”，父母都应该认真接纳，不能一笑置之，也不能不耐烦。相反，还应耐心倾听，让男孩感受到自己是被尊重的。如果确实有事要忙，来不及回应，也应告诉男孩：“爸爸现在正在忙，等一会儿再跟爸爸说。”这样就能保护男孩的好奇心。

除此之外，父母还应正确回答男孩的提问。这里说的正确回答并不是说只要男孩提问，我们就要准确地、详细地告诉他答案，而是说在回答男孩问题的时候要智慧一些，掌握一定的技巧。比如，男孩问“这是什么？”这时我们只需要告诉男孩这个东西的名称就可以了，如果他想进一步了解这个东西的特征，剩下的探索工作就让男孩独立完成。父母还可以适时反问男孩，比如说：“你认为呢？你看呢？”这样可以帮助男孩养成勤动脑、勤思考的好习惯。另外，如果父母自己也不知道答案，也不要随口编造，而是应该诚实地对男孩说“不知道”，然后和男孩一起查资料，来寻找问题的答案。

不要盲目给男孩制定过高的学习目标

没有目标的学习就像在黑夜中摸索，没有终点和目的地，学习者也不会积极、主动地去寻找适合的学习途径，他的学习和成长便会停滞不前。有了目标，人才能有动力向前走。因此，为男孩制定一个学习目标是非常重要的。不过，男孩的身心发展是有一定的规律的，教育也有一定的规律。因此，不能盲目地为男孩设定目标。

现在很多家庭中，父母对子女都抱有很大希望，尤其是对男孩，有一种“超值期待”。这种心态可以理解，但是如果“操之过急”，对男孩的要求超过了他的心理和生理承受限度，很容易让男孩承受巨大的压力，甚至造成很多悲剧的发生。所以，父母不要向男孩提出过高的目标，要根据男孩的实际情况和性格特点，对男孩抱以合理的期望，教会他在做每一件事时都给自己设定一个切实可行的目标，这样循序渐进，逐步发展。当男孩实现了父母的期望时，父母应该及时予以表扬，并表达自己的骄傲，用以强化男孩的成就感，激励男孩更努力地学习。

不要让男孩“死读书、读死书”

所谓知识改变命运，很多家长都明白这个道理，所以拼命让孩子学习，补课、家教、各种辅导……累得孩子喘不过气来。为了让孩子能专心读书，取得好成绩，父母可以任劳任怨，为孩子安排好一切事宜。

然而，“书呆子”男孩真的好吗？生活中，我们常常可以看到很多只知道“死读书”的男孩，学到的知识根本不会灵活运用；还有些男孩光顾着学习，对生活方面的知识一点都不了解，其他兴趣和特长更是无从谈起。这些都不利于男孩的成长。高负荷的学习带来的是不断增加的学习压力和负担，孩子不仅身体吃不消，而且容易对学习产生厌倦，反而带来负面效应。

真正成功的人绝不是死读书的人。他们很可能像大思想家罗素所说，他想不出怎样写论文，跑出去玩，玩回来就文思泉涌；或像爱因斯坦，在他想通相对论的前一天，离开办公室时还对朋友说只怕一辈子都搞不懂了，结果第二天一醒就找到了答案。

父母教育男孩也是如此。让男孩爱读书、多读书固然不错，但也要让他会学习，懂得劳逸结合。家长需要做的是辅助男孩制定合适的学习目标，帮助男孩提高学习效率，灵活运用学到的知识；学习之余，让男孩做一些力所能及的事情，比如简单的家务；多余的时间，就让男孩尽情地玩，去做自己想做的事情。这样才能让男孩保持身体健康，并拥有良好的学习心态。

引导男孩自主学习

每个孩子都有学习潜能，父母要做的就是结合男孩的实际情况，找到合适的方法，帮助男孩激发这种潜能，引导男孩养成自主学习的良好习惯，这样才能有效提高男孩的学习成绩。

不论在什么时候，让孩子养成自主学习的好习惯都是至关重要的，父母要把握以下要点：

★ 了解男孩的学习特点，根据男孩的性格和行为特征，帮助男孩量身定制学习方案。

★ 看到男孩身上的优点，关注男孩的每一个进步，并及时给予表扬，让男孩体会到学习的成就感。

★ 父母要适当放手，不过分干涉男孩的学习，不一味关注男孩的考试成绩，不盲目给孩子制定过高的学习目标。

★ 以平和、冷静、理智的心态去观察和发现男孩在学习中遇到的问题，帮助男孩找到一个适合他的学习方法。

★ 引导男孩与学习建立感情，唤起男孩对学习的兴趣。

★ 保护男孩的求知欲，呵护男孩的想象力。

★ 将学习与生活联系起来，平时带男孩多玩、多看，多接触新鲜事物，在生活和学习中锻炼男孩的想象力、创造力、专注力、记忆力和理解能力。

★ 培养男孩的阅读兴趣。

★ 为男孩营造良好的学习环境。

★ 父母应成为男孩的学习榜样，起到正面导向的作用。

亲爱的爸爸妈妈们：初为人父人母，你们一定对孩子的教育有很多困惑和问题。本书针对男孩的特点和个性做出解答，帮助父母成为合格的家庭教育者，培养出优秀、有个性的孩子。

微信扫描下方二维码，还可以获得更多主编精心准备的线上养育方法。

1. 科学育儿，父母必上的 64 堂课！微信扫码即可获取。

2. 温和而坚定，让孩子受益一生的教养方式！微信扫码即可获取。

3. 微信扫码加入阳光男孩养成圈，分享育儿心得，学习育儿经验！

4. 育儿难题求解答？专家为你支妙招！微信扫码即可获取。

5. 线上记录孩子成长瞬间，时刻分享孩子进步喜悦！微信扫码加入我们吧！

6. 微信扫码，可获取知名营养师打造的育儿营养膳食食谱！快来为您的孩子准备营养美餐吧！

PART 8

引导男孩树立正确的金钱观

给孩子一个“衣食无忧”的童年，不如给孩子一颗理财的头脑。在给你的男孩金钱之前，父母首先应给予他们驾驭金钱的力量，让孩子的财商与德商、情商、智商共同发展。

培养有财商男孩的7个着手点

财商与智商、情商同样重要。理财能力是男孩将来生存、发展的必备技能，直接关系到男孩一生的幸福。父母应从小就注重男孩财商的培养，为男孩将来的发展创造良好的条件。

培养男孩对金钱的正确认识

想要培养男孩的财商，从小就应让男孩正确认识金钱，知道钱是怎么来的、有哪些作用、自己应该对钱持有什么样的态度等。很多时候，男孩由于年龄小、自控能力差，对金钱的认识往往是不正确或不全面的。这就需要父母多给男孩一些正面的教育和示范，为男孩树立正确的金钱观。

父母不要“谈钱色变”

很多父母会回避和孩子谈金钱，甚至“谈钱色变”，认为孩子还小，不明白。其实，这完全没有必要。钱在生活中几乎无时不在、无处不在，当父母在处理钱财时，孩子往往会充满好奇，有各种各样的疑问。而且，孩子的观察能力和模仿能力都很强，很快就会懂得钱能给自己带来直接的好处和利益。父母只需带孩子逛几次商店，钱的用处不用大人专门教，孩子就能心领神会。

与其让孩子自行摸索，承担可能出现的错误金钱观的风险，还不如先发制人，在更早的时候引导孩子。面对孩子对钱的好奇和疑虑，父母完全可以用孩子懂得的语言加以说明，适时引导孩子树立正确的金钱观。

让男孩懂得钱的来之不易

很多男孩的自控能力都较差，加上父母对他的要求一味满足，随着男孩慢慢长大，他很容易在无形中养成花钱大手大脚、与别人攀比的坏习惯，对父母也只知道一味索取而不知感恩。导致男孩形成这种不良观念的根源在于父母没有让他清楚地认识到钱是来之不易的。因为不知道父母赚钱辛苦，所以不懂得珍惜；因为不清楚生活的残酷，所以感觉不到自己的生活有多么幸福。

一旦孩子懂得金钱的来之不易，便会自然而然学会正确理财和正确使用金钱，也会珍惜并尊重父母的劳动，养成节约的好习惯。父母可以带男孩上班，让男孩看看父母工作的辛苦，明白工资背后的意义；也可以给男孩创造一个赚钱的机会，让他体会到赚钱的不易，必须通过自己的艰苦努力才能获得。

教男孩学会取舍

人们常会遇到这样的情况：有两个东西，都非常喜欢，但是由于经济状况或别的原因，只能买其中的一个。父母要让男孩知道，并不是所有的愿望都能在第一时间得到满足，他们必须要学会取舍。可以让男孩将想要买的东西列出优先次序，这样可以让男孩学会取舍。

告诉男孩金钱不是万能的

父母应让男孩知道金钱很重要，但也要让男孩懂得“金钱不是万能的”。世界上很多珍贵的东西都是用钱买不到的，比如人与人之间真挚的感情。这样，男孩才不易形成“金钱至上”的观念，不会在成长中迷失自我，也才能更好地去感受生活的乐趣，享受成长的快乐。

让男孩在金钱面前保持自尊

生活中，有很多人都因为金钱而失去了自尊，做出一些没有尊严的事情。因此，父母应让男孩学会在金钱面前不弯腰，保护自己的自尊心。父母应该为男孩做出表率，在面对金钱时要有自己的原则。此外，还可以通过一些反面的教材，让男孩知道为了金钱出卖自己尊严的人，不仅会受到众人的唾弃，还会迷失自我。

储蓄是教男孩学会理财的第一步

理财不仅仅是花钱的学问，同样也是赚钱、管钱的学问。一个没有储蓄意识和习惯的人，永远做不了财富的主人。相较于女孩，男孩在金钱方面更容易出现奢侈、浪费等现象，若父母自小不给男孩灌输储蓄意识，他就会缺乏理财能力，对金钱的支配能力相对较差，将来走入社会后容易出现过度消费、冲动消费等现象。因此，父母应从小培养男孩养成储蓄的好习惯，只有学会了储蓄，他才能养成节省“自己的钱”的习惯。

从小培养男孩的储蓄意识

男孩的储蓄意识应从小就开始培养。父母可以在孩子小的时候，送给孩子一个储蓄罐，鼓励孩子把没用完的零花钱存起来。男孩长到六七岁时，父母应教他懂得为短期目标存钱。具体来说，就是让孩子通过自己的努力去挣钱，并将它积攒下来购买他想要的东西。比如，孩子要买一件自己喜欢的、并不太贵的玩具时，父母可以协助孩子制订一个明确的计划：每天或每周应该存多少钱，存多久就能买到自己想要的东西。这样，孩子就会有目的地把父母给的零花钱积攒起来。

为男孩开设一个银行账户

美国著名教育专家戈弗雷在谈到储蓄原则时指出：孩子可以把自己的零花钱放在3个罐子里，一个罐子里的钱用于日常开销，购买在超市或商店里看得到的“必需品”；一个罐子里的钱用于短期储蓄，为购买稍微贵重的物品积攒资金；另外一个罐子里的钱则用作长期储蓄，存在银行里。

为了鼓励男孩存钱，父母可以陪他一起去银行存钱，并以孩子的名义开一个户头。当孩子在存折上看到自己的名字时，通常都会很幸福，他会觉得自己已经长大了，拥有了自己的财产。

父母可以每隔一段时间就和孩子坐下来计算：这个户头有了多少利息，并教给孩子一些利息的计算方法。这对于尝到储蓄甜头的男孩来说，能很自然地了解到储蓄的意义，并养成储蓄的好习惯，进而慢慢培养男孩的节约意识。

记账能培养男孩的理财意识

要想让男孩从小就拥有理财能力，父母就要给孩子一些独立使用金钱的机会，让孩子切切实实明白金钱是如何流通的，并体会如何才能利用金钱为自己创造价值。记账是让男孩自己参与消费活动的直接、有效的方式之一，家长不妨一试。

杨先生的大儿子当当刚上初二，因为爸爸的要求，他从小就有记账的习惯。但是当当熟练记账的习惯养成，并不是那么顺利的。刚开始时当当很不情愿，但在爸爸的监督下，不得不开始记账。不久，爸爸通过翻阅当当的记账本，发现很多问题，比如儿子每天早餐5元钱、中午买饮料5元钱、下午买零食12元、买文具20元……有时候钱和账目对不上。于是，爸爸找到当当，对他说："如果把每天买零食的十几块钱省下来，一个月就有300多块钱，一年下来就有4000多块钱。这样你就可以买很多你想要的玩具和画册。另外，你要认真对待记账这件事，详细记录，不能钱不对账。"当当听完爸爸的话，意识到自己的错误，在今后的花钱和记账上谨慎多了。

记账对培养男孩的理财能力是很有帮助的。它可以让男孩真正接触到金钱并明晰金钱的本质，也能让男孩逐渐产生一种节约意识。与此同时，男孩的财富意识也会随之增强。男孩的记账能力是慢慢培养的，它可以成为男孩受用一生的好习惯。

为男孩准备一个小账本

父母可以帮男孩准备一个消费小账本，让他详细记录自己的收入和支出，比如上个月剩余钱、当月零花钱、做家务赚的钱、其他收入（压岁钱等）、买玩具花的钱、买文具和零食花的钱等。每隔一段时间，父母还要和孩子一起分析：哪些项目是必须消费的，哪些又是浪费的。这样，男孩就能慢慢从实践中理解理财的重要性，进而有计划地消费。

方法 2

及时修正和补充

在男孩记账的过程中，父母要及时追踪监督，了解他的消费倾向和对金钱的理解，若出现偏差，要适时指出并予以纠正。如果男孩已经可以熟练记录账目，且消费行为也更加多样化，可以进一步细化收入和支出项目。

通过反复操作，男孩自然而然就会熟悉财务规划的概念，能更好地把钱花到需要的地方去，从而形成良好的理财习惯。

帮助男孩树立正确的消费观

如果一个孩子没有正确的消费观，不懂得勤俭节约，那么他即便拥有再多的财富也可能“千金散去”。所以，从小帮助男孩树立正确的消费观是非常重要的。

给男孩必要的零花钱

大量实践证明，如果一个孩子有固定的零花钱，那么这个孩子的储蓄就比较多，在花钱的时候也会比较理智；而一个没有固定零花钱的孩子，几乎没有什么储蓄，拿到钱就容易乱花。所以，父母应该适当给男孩一些零花钱，这样不仅能满足孩子的需要，还能让他学会自主管理。

很多父母平时不给男孩零花钱，因为不想他乱花钱，但会跟孩子说需要钱时可以找爸爸妈妈要。这种严苛的消费控制，让男孩童年在金钱上过于匮乏，他可能会慢慢地变得对金钱斤斤计较，甚至表现出“守财奴”的行径，是不可取的。

教男孩理性购物

男孩的一个鲜明个性就是容易冲动，所以，“冲动购物”也是很多男孩容易犯的错误。这样的男孩，看到喜欢的东西就会立刻买下来，但是买回来不久又会发现东西并不如自己期待的那样完美，于是就开始后悔自己的冲动消费，甚至产生自责情绪或怀疑自己的判断力。针对这个问题，父母可以传授给男孩“货比三家”的消费理念，并教会男孩查看生产日期、产品信息，进行同类商品比较等。同时，父母还应教会男孩做预算，要买“需要”的东西，而不是看到喜欢的东西就买。如果男孩因为购物后悔产生不良情绪，父母不要一味责怪，而要及时给予引导和安慰，增强他的自信心。

正确引导男孩的攀比心理

男孩通常自尊心比较强、好面子，加之父母的溺爱，很容易产生与人攀比的心理。如果父母不加以正确引导，那么这种心理会随着年龄的增加愈发强烈。当父母无法满足男孩的虚荣心时，他就有可能走入歧途。当然，出现攀比心理也不一定全是负面影响，也会有积极的情况出现，比如，在学习上面，“××这次考试比我考得好，下次我一定要超过他”，这样可以激励孩子努力学习。所以，对于男孩的攀比心理，更多的时候还是需要父母的正确引导。

父母首先要帮助男孩端正态度，将物质上的攀比转为学习上的竞争；其次，父母要告诉男孩家庭的经济情况，提醒他不要和别人攀比，告诉他想要生活得更好，必须付出艰辛的劳动，未来要自食其力；另外，对于男孩的很多要求，父母不能一味满足，须知无限溺爱只会助长孩子的虚荣心，时间长了，只会愈演愈烈；父母也应以身作则，不要存在攀比心理，时刻为男孩做表率，帮助他树立一个正确的价值观、人生观。

让男孩学会依靠劳动获得报酬

在西方很多国家，孩子通常在很小的时候便有了赚钱的意识。在一些商场、超市、饭店中，经常可以看到孩子参与打扫卫生、理货、做服务员的情形。在他们的眼中，这是一个通过劳动赚钱的机会，是一种人生体验。而在中国，虽然很多人已经逐渐意识到对孩子财商培养的重要性，但仍然有很多父母秉持着“只要把学习学好，别的事都不需要管”的心态来对待孩子。孩子需要钱时，只需开口，父母都会满足。长期下来，孩子很难对金钱有正确的认识，经济头脑更无从谈起。

可能有的父母会说：“孩子还小，能力有限，怎么能要求他去挣钱呢？”其实，很多男孩缺乏理财能力，与父母的不当教育是分不开的。我们要培养的是男孩的思想与行为，而不是在乎他挣了多少钱。而且，无论孩子年龄多小，只要在他的能力范围之内分配适量的工作，并给予相应的报酬，就能起到良好的理财教育作用。男孩对于通过自己的劳动挣到的钱也会感觉特别高兴，从而更加积极地参与理财与投资活动。

让男孩树立“要花钱自己挣”的意识

随着男孩年龄的增长，他的购买欲会不断增强。针对这种情况，父母不能一味满足，而是要告诉孩子：“要花钱，自己挣。”而且，要让男孩付诸行动。当然，这并不是说孩子所有的消费都要由他自己买单，这样做的目的是让他明白劳动能创造财富，要养成独立自主的好习惯，不能凡事都依赖父母。

帮助男孩发现挣钱的机会

让男孩尝试自己去赚钱，一方面是让男孩在实践中明白劳动与报酬的关系，另一方面也是为了培养他发现“商机”的能力。所谓“商机”就是挣钱的机会。这种机会无处不在，有大有小，应由孩子自己慢慢摸索并发现。不过，孩子的观察力毕竟有限，这时就需要父母的协助了。父母在日常生活中，要尽量多找些机会让男孩去实践、去体验。比如，家中的旧报纸、饮料瓶等都可以让男孩收集整理，并拿去卖掉；告诉男孩可以利用自己的特长去挣钱等。

有的家长把对男孩的财商教育仅仅局限在家庭生活中，比如，让男孩做一些力所能及的家务，然后给予一定的报酬和奖励等。这对男孩的成长来说是远远不够的。要让男孩学会生存，父母应尽早让孩子接触社会，鼓励男孩在体验生活的同时，不断积累知识和经验。比如，鼓励男孩利用节假日去打工，不仅能让男孩收获经验，还能让他接触到更多的人，提高其人际交往能力。

让男孩对自己的“第一桶金”刻骨铭心

每个孩子都会非常重视自己的“第一次”，并会留下深刻的印象。男孩第一次赚钱，赚多少没关系，重要的是让他得到应有的锻炼，积累经验。

教会男孩管理自己的零花钱

虽然有些男孩不会合理使用零花钱，可是，父母并不能因此就不给男孩零花钱。因为，使用零花钱是男孩的“成长需要”，这可以让他们学会独立生活，培养男孩的责任感和决策能力。所以，教会男孩管理好自己的零花钱是非常重要的。

零花钱给得要适当

从男孩五六岁开始，父母就可以象征性地给他一些零花钱。究竟给多少，父母可以根据男孩的年龄、性格特征、合理需要以及家庭的经济状况来定。一般以够支付男孩合理的开支为限，不宜多给，也不能少给。多给，容易养成男孩大手大脚的花钱习惯，不知钱的来之不易；给少了，又不能满足男孩正常的需要，甚至还可能引发男孩私自拿钱或偷窃等不良行为。

父母给男孩零花钱时，可以选在一个有纪念意义的日子，比如男孩开学的第一天，并告诉男孩这笔钱的用处，之后可以定期发放。这样既可以让孩子从内心感受到自己已经长大了的事实，又可以掩盖父母控制他零花钱的“小心机”。

给男孩适当的购买权

既然把零花钱的主动权交给男孩，他想买什么东西，父母可以提供指导，但不可以强制干预。比如，孩子出去玩想买果汁，你内心并不愿意，但可以说：“好啊，反正你自己的钱自己做主，想买什么都可以。”同时，还可以在旁边装作无意地告诉他：“你带的有白开水，但如果你想买果汁也可以，买这个果汁要12元钱，这样你这个星期的零花钱就花了一小半了。”一般孩子听到父母这样说，就会仔细斟酌一下，多半会放弃买果汁，选择自带的白开水了。

帮男孩养成存钱的好习惯

父母可以给男孩准备储钱罐、小账本，用来记录零花钱的收支与结余，并定期和孩子一起计算账单，做到心中有数。父母还可以教男孩把零花钱分成几部分，比如，用来日常使用的部分、买想买的物品的部分、用来定期储蓄的部分等。大一点的男孩，父母有必要让他懂得储蓄和投资的相关知识，并和孩子一起讨论怎么管理零花钱，比如专门设一个存折账户，并定期查看。当看到存折上的数额渐渐多起来时，男孩也会拥有满满的成就感。久而久之，男孩就会养成存钱的好习惯。

别让男孩变成“自私鬼”

还有一种现象，父母需要引起重视：有些男孩有了零花钱后变得非常小气和自私，买了东西只顾自己一个人享用。对此，父母可千万别觉得孩子还小而一笑置之，而是要对他讲明白分享的重要性。父母应鼓励和启发男孩用部分零花钱来表达爱心，如买小礼物为爷爷奶奶过生日、将部分找零放入超市边上的“希望工程募捐箱”等。相信这些爱心教育将在男孩的心灵空间中种下善良与分享的种子，等孩子再长大些，这些种子自然会开花结果。

男孩的故事

奇奇过年的压岁钱除去部分开支，还剩8300元。爸爸为他提供了一个理财计划："借给爸爸吧，我一年给你10%的利息。当然，你也可以只借半年，那我就只给你8%的利息。比如，你借给我8000元，一年之后我还你8800元，就会多出800元。如果半年之后还你，就是8320元，多出320元……"最后，经过一番计算和比较，奇奇决定：自己留300元当零花钱用，另外5000元借给爸爸一年，3000元借给爸爸半年，因为暑假奇奇小学毕业，要和小伙伴一起来一次"毕业旅行"。爸爸当即就把620元利息付给奇奇，并对奇奇说明："这5000元，你一年后才能从爸爸这里拿。3000元，半年就可以拿。"奇奇在短时间内便完整体验了一次理财的好处。。

POINT

财商并非高深莫测的东西，而是可以通过后天培养起来的。作为父母，教会男孩从小管理自己手中的钱，有助于培养他的财商。

培养男孩的经济头脑，教会他投资

在男孩还小的时候，父母就应有意识地培养男孩的理财能力和经济头脑，指导男孩熟练掌握基本的金融知识。一方面，这有助于养成男孩不乱花钱的习惯，另一方面，有利于及早培养男孩独立生活的能力，使其在快速发展的时代中具有可靠的安身之本。

让男孩体会简单“交易”的兴趣

孩子们有时候会拿自己的玩具、学习工具、图书相互交换，这就是孩子之间初级的“交易”。通过“交易”，孩子不仅能满足自己的需求，还能使自己的东西价值最大化，因此，这也是很多孩子喜欢并认可的行为。所以，当男孩和朋友产生交易行为时，父母不要以成人的价值观进行阻止，反而要多多鼓励孩子的这种行为，并从旁观者的角度给予适当指导。

教给男孩一些简单的投资方法

男孩的经济头脑和理财知识毕竟是有限的，也是不成熟的，离不开父母的提点和帮助。首先，父母可以根据男孩的年龄、兴趣以及接受能力，适时给他讲解一些简单的理财知识，比如储蓄、股票、基金、债券、拍卖等。这样既满足了男孩的好奇心，也让他从正面认识和了解了经济行为，对他今后的理财很有帮助。其次，如果有适合男孩的投资，父母要给予适当的建议和指导，鼓励男孩勇敢实践自己的想法。比如，可以引导男孩购买能升值的纪念品和收藏品。

培养有财商男孩应注意的问题

在竞争激烈的现代社会里，很多父母都意识到了从小培养男孩财商的重要性；不过，培养男孩财商不是一朝一夕的事情，其间父母可能会面临各种各样的选择，稍有不慎就可能造成不良影响。

培养男孩的理财能力要循序渐进

和很多能力的培养一样，男孩理财能力的培养也需要一个过程。父母对男孩的理财教育，应按照其年龄阶段，遵循其智力发展规律，采取不同的教育方法。

5岁以前

男孩5岁以前，父母应重点培养他对金钱的正确意识，让他知道“钱是什么”“钱有什么用”。这个阶段的男孩大多无法理解抽象概念，他们只对具体的东西感兴趣。因此，父母可以对男孩传授一些简单的金钱知识。比如，3岁就可以教男孩辨别钱币、认识币值；4岁左右可以教男孩买简单的用品，如画笔、小玩具、小零食等（家长在旁陪同，购买步骤应由男孩独立进行）；5岁的时候，可以让他数较大数目的钱，并开始教他使用储蓄罐等攒钱器具，培养男孩积少成多、勤俭累财的好习惯。

男孩不良消费习惯的养成，往往在5岁前就初露端倪了。因此，在这个年龄段，父母要学会拒绝男孩不合理的要求，不能因为不忍或娇惯就满足孩子的所有需求。父母还可以告诉孩子，钱可以用来换取他们想要的东西，但不是全部，必要的时候要求孩子做出取舍。

6～11岁

这个年龄段的男孩已经有了较强的自主消费能力，父母要做的就是帮助男孩养成良好的消费习惯，让孩子学会理智消费。比如，父母可以根据男孩的具体情况，每周或每月给他固定的零花钱，并交给他“预算”的概念，鼓励他进行收支预算，并养成记账的习惯；父母可以带男孩逛商场，有意识地引导男孩看商品上的标签价格，并和自己攒的钱对比，确认自己有无购买能力；父母要引导男孩区分“需要”和“想要”这两个概念，让男孩能正确认识到自己的需要，把钱花在该花的地方。

这一阶段的另一个重要内容是让男孩接触“储蓄”“投资”等概念。父母可以鼓励男孩制定一个长期或短期的储蓄目标，引导男孩有节制、有计划地花钱。当父母到银行办理开户或存款时，可以把男孩带在身边，让他接触开户、存款及提款等程序，并对储蓄及利率等知识慢慢形成深刻的认识。父母还可以以男孩的名义，为他开一个银行账户，鼓励孩子把攒下来的钱存入银行。

12～16岁

这一年龄段的男孩，父母应让他养成计划消费、理智消费的习惯，并让孩子慢慢学会用钱进行交易活动、理财活动。比如，针对某件物品，可以给他规定一个适当的购买价位，并告诉他：如果买到物美价廉的物品，多余的差价就是你的。如此，孩子就会积极地进行比较消费，进而养成良好的消费习惯。

另外，对于12岁以上的男孩，父母还应让他了解钱的来之不易，并让他学会创造财富。父母可以适时为男孩提供赚钱的机会，并鼓励男孩用心去发现创造财富的机会。

尊重男孩对压岁钱的所有权

每逢过年，收到压岁钱是让男孩们最高兴的事情之一。但关于男孩压岁钱的支配权问题，却难倒了很多家长。有些家长认为男孩的压岁钱是大人之间的人情，应该收回，因而忽视男孩对压岁钱的各种规划；还有部分家长非常“民主”，任由男孩自己安排压岁钱，自己却不闻不问。这两种做法都是不可取的，不利于男孩财商的培养。那么，当男孩拿到压岁钱以后，家长应该怎么做呢？

- 绝大部分男孩都有支配欲望，家长应该尊重男孩对压岁钱的所有权。
- 男孩收到压岁钱后，他想做的事情很多，家长应该与他交流、沟通，倾听他的心声，了解男孩的愿望以及对压岁钱的安排。
- 针对压岁钱，协助男孩做一个财务计划表，监督男孩执行、评价和总结，引导男孩逐渐学会花钱。

不要向男孩隐瞒家庭真实经济情况

随着男孩一天天长大，他们对周围的一切都充满了好奇心。正如某天他会问自己是从哪儿来的一样，他也会问一些让你难以回答的家庭经济状况方面的问题。比如："我们家很有钱吗？"或是"我们家很穷吗？"有趣的是，大多数家长总会有意无意地向孩子隐瞒家里的经济状况，但同时又希望孩子能从小培养正确的金钱观和理财能力。

其实，让男孩了解家庭真实经济情况是有必要的，可以帮助男孩树立更好的消费观和价值观，可以提醒他不要和别人攀比。父母可以告诉男孩每个月家里的总收入和开支情况，大概用于哪些方面的消费，用在他身上的消费占家庭消费总量的多少等。了解了这些情况，他就会体谅大人持家的不易，学会珍惜眼前的生活，在花钱时就会有意识地考虑是否有必要买一些实际上不怎么需要的东西。

至于男孩所问的家庭贫富的问题，父母的回答都应是否定的。美国儿童财经教育专家威里尔德·斯塔华斯基指出："即使你家产丰厚，你也不必让孩子以为他们可以想要什么有什么，或者到左邻右舍去吹嘘。如果你家钱紧，你也不能让孩子担心头顶没瓦、碗里没食。"无论是那些过于痛苦还是值得炫耀的情况，对于过小的男孩来说，都是不应该去承受的。而对于已经在学校接受过各方面教育的青少年来说，你可以告诉他更多细节，这对他以后的独立生活是有帮助的。

为男孩开启财富之门

财商是一个人认识金钱和驾驭金钱的能力，是一个人在财务方面的智慧。它主要包括两方面的能力：一是正确的认识财富的能力，二是正确应用财富的能力。

父母应从小重视对男孩的理财教育，让他们明白金钱的价值，懂得花钱与赚钱。

★ 男孩的财商是可以通过后天培养的，父母应根据男孩的年龄和性格特点，为他制订合理的财商培养计划，分阶段、有针对性地提高孩子的理财能力。

★ 父母应从小让男孩养成储蓄的好习惯，既要告诉男孩如何花钱，也要让他学会管钱、赚钱。

★ 当储蓄积累到一定的金额后，适时教给男孩一些投资的方法，有意识地让他接触股票、基金、债券、拍卖等理财知识。

★ 为男孩开设一个银行账户，让他体验“积少成多”的乐趣，养成储蓄的好习惯。

★ 当男孩到达一定的年龄后，要有一些自己可以自由支配的零花钱。

★ 对于孩子如何消费的问题，父母应予以指导和监督。

★ 如果男孩在管理零花钱上井井有条，父母要适时鼓励，给予男孩信心。

★ 让男孩从做家务开始，体会赚钱的艰辛。只有让男孩知道赚钱不易，他们才会更加珍惜金钱。